高等职业教育汽车类专业新型活页工作手册式系列教材

系列教材主编：戚文革　邹玉清

汽车电器设备构造与检修

董　括◎编著

中国铁道出版社有限公司
CHINA RAILWAY PUBLISHING HOUSE CO., LTD.

内 容 简 介

本书系为贯彻国务院印发“职教20条”文件精神，落实“新型活页式、工作手册式”职业教育教材的要求而编写。它是依据学生中心、能力本位、成果导向等理论，充分考虑“1+X”证书要求，融专业教育、课程思政、创新教育于一体，充分体现职业教育是“学习如何工作的教育”的本质要求，面向学生学习，校企双元合作开发的新型活页式、工作手册式能力本位教材。

全书共六个项目，包括检修蓄电池、检测与拆装交流发电机、检测与拆装起动机、检修点火系统、检修照明仪表装置和检修汽车电动辅助装置。

书中配备视频、动画等电子资源二维码，并配套开发了教学工作页和助教课件等教学资源。

本书适合作为高等职业院校和其他职业学校汽车类专业学生教材，也可作为有关人员的岗位培训教材。

图书在版编目（CIP）数据

汽车电器设备构造与检修 / 董括编著 . —北京：中国铁道出版社有限公司 , 2022.1（2023. 2 重印）
高等职业教育汽车类专业新型活页工作手册式系列教材
ISBN 978-7-113-28513-5

Ⅰ. ①汽… Ⅱ. ①董… Ⅲ. ①汽车-电气设备-构造-高等职业教育-教材②汽车-电气设备-车辆修理-高等职业教育-教材 Ⅳ. ①U472.41

中国版本图书馆 CIP 数据核字 (2021) 第 222812 号

书　　名：汽车电器设备构造与检修
　　　　　QICHE DIANQI SHEBEI GOUZAO YU JIANXIU
作　　者：董　括

策　　划：尹　鹏　何红艳　　　编辑部电话：（010）63560043
责任编辑：何红艳
封面设计：刘　颖
责任校对：孙　玫
责任印制：樊启鹏

出版发行：中国铁道出版社有限公司（100054，北京市西城区右安门西街 8 号）
网　　址：http://www.tdpress.com/51eds/
印　　刷：北京联兴盛业印刷股份有限公司
版　　次：2022 年 1 月第 1 版　2023 年 2 月第 2 次印刷
开　　本：787 mm×1 092 mm 1/16　印张：9.25　字数：242 千
书　　号：ISBN 978-7-113-28513-5
定　　价：45.00 元

编审委员会

作者简介

董括，吉林电子信息职业技术学院，新能源汽车专业主任，汽车维修工高级技师，曾获“吉林省青年技术能手”光荣称号，主要从事汽车电气、新能源汽车方向的教学与研究工作，多次参加各级比赛，在“2015 年全国职业院校现代制造及自动化技术教师大赛 新能源汽车检测与维修项目”获得二等奖；“2019 年全国职业院校汽车专业教师能力大赛（高职组）新能源汽车技术赛项”获得二等奖；指导学生在“2017 年全国机械行业职业院校技能大赛 汽车检测与维修大赛 电气系统检修赛项”中获得二等奖，多次参加省级、国家级各类竞赛裁判工作，主编教材《汽车电气设备构造与检测》等。

序

自从2019年国务院发布的《国家职业教育改革实施方案》提出“倡导使用新型活页式、工作手册式教材”之后，教材建设就成为职业教育改革的热词，2020年国家教材建设奖的设立极大地提升了教材的地位，更是将教材建设推到了职业教育改革的浪尖潮头。

教材里有什么？

这是必须明确的一件事。

是不是知识本位教材里有知识而能力本位教材里有能力呢？答案是明确的，无论知识本位教材还是能力本位教材，教材里只有知识而没有其他任何东西。

区别何在？

知识本位教材是将学科知识从命题概念出发，在空间上按照演绎逻辑进行组织、呈现的。

能力本位教材是将工作知识从具体事物出发，在时间上按照归纳逻辑进行组织、呈现的。

知识本位教材的功能是培养学生演绎推理能力，目的是发现更多知识，探索未知领域。

能力本位教材的功能是培养学生归纳推理能力，目的是处理具体事务，解决现实问题。

这是一个大概的区分，但这是一个直指本源的区分，这一内在逻辑的区别决定了职业教育与普通教育教材类型的基因差异。

职业教育教材应该“长什么样，内容如何呈现，具备什么功能”，是由职业教育类型属性决定的，职业教育就是“学习如何工作的教育”，那么教材就应该呈现“工作原貌”，只有将“工作原貌”呈现出来，才能够实现学习“如何工作”的目的。抓住了这一根本性的问题，就能将职业教育教材与普通教育教材彻底区别开来。

怎样呈现“工作原貌”呢？

任何一项工作都是由六个要素构成的，即工作对象、工作内容、工作手段、工作组织、工作产品和工作环境。

工作六要素所对应的知识，即工作对象知识、工作内容知识、工作手段知识、工作组织知识、工作产品知识和工作环境知识。

对于一项工作，如果将工作六要素知识寻找并罗列出来，合辑成册，是不是可以看做是职业教育的教材呢？

按照教材里只有“知识”和职业教育就是“学习如何工作的教育”这两条标准判断，显然这一合辑成册的书无疑就是职业教育的教材。

继续深入分析，工作六要素知识两种有价值的排列方式，一种是并列排列，将六要素知识平铺在纸上就可以了，这是工作六要素知识的静态呈现——这种排列方式并不鲜见，如常见的机械设计手册等。

如果将工作六要素里的工作内容知识按照其在工作中出现的时间顺序排列就会发现，这构成了一项具体工作的职业行动体系，其他五个工作要素知识构成了支撑这个职业行动得以进行下去的职业知识，按照这一逻辑，我们发现工作六要素知识可以如图 1 排列，这样排列的好处就是将工作要素知识的内在联系通过职业行动建立起来了，使工作六要素动态呈现出来，不仅能够更好地表达了“工作原貌”，更是表达了“工作逻辑”，使学习者更易理解“工作本身”以及实现学习“如何工作”这一目的。

职业行动 = 工作内容知识序化	职业知识 = 其余工作五要素知识
1	工作对象知识 工作手段知识 工作组织知识 工作产品知识 工作环境知识
2	
⋮	
n	

图 1　工作六要素知识时序逻辑

仅此还是不够的，职业教育教材不仅要呈现工作要素知识，表达“工作逻辑”，还要服务于学生学习这一根本要求，因此，职业教育教材必须按照认知规律和职业成长规律选取和呈现工作要素知识。

认知规律通常表述为从“从低级到高级，从简单到复杂”，什么是“简单和复杂”“低级和高级”呢？布鲁姆的教育目标分类是我们可以依据的一个科学原理。

本耐、德莱福斯、劳耐尔对职业能力成长规律的研究成果得到了普遍的认同，从初学者 / 新手—生手—熟手—能手—专家 / 高手的职业能力成长的过程中，使我们得以窥见职业教育与普通教育互为起点与终点的正好相反的学习过程。

综上所述，工作要素知识以静态或者动态方式按照认知规律、职业成长规律排列，构成职业教育教材的知识种类与排列的基本的序化逻辑。

本系列教材是以工作要素知识的动态形式，按照认知规律和职业成长规律选取工作内容来组织、呈现工作原貌的。

教材以活页装订、留白处理、多元目录索引、职业行动与职业知识左右对应排版、知识表格化处理，全书用色块区分不同内容等手段，表达重点清晰醒目，并配以二维码视频动画资源，极大地方便了检索查阅，充分体现自主学习功能和手册性质。

同时，以标语彰显、主题镶嵌和星火相融三种方式将创新教育以及课程思政融于专业教育始终，使教材具备了“专业、创新、思政”三育融合的内容与功能。

采用镶嵌、替换方式将“1+X”融入相关内容之中，满足职业技能等级鉴考评定需求。每一个学习项目设置一个迁移性学习考核项目，满足了学分银行学习成果认证需要。

吉林电子信息职业技术学院在汽车专业群、机械专业群、冶金专业群系统开展的提高育人有效性的教学改革中，从 2016 年开始尝试“活页式、工作手册式”教材编写与教学实践，取得了良好效果。

是为序。

戚文革

2021 年 8 月 20 日

前言

职业教育教材建设进入了新时代。2019年，国务院发布的《国家职业教育改革实施方案》（简称“职教20条”）开篇就明确了职教与普教的类型区别，教材如何体现？更是第一次以国家文件的高度对教材形式提出了具体要求。“职教20条”第九条“……建设一大批校企‘双元’合作开发的国家规划教材，倡导使用新型活页式、工作手册式教材并配套开发信息化资源。”这背后的逻辑是什么？职业教育教材建设必须思考：新型活页式、工作手册式教材的内涵是什么？职业教育教材如何体现“新型”“活页式”“工作手册式”三个关键要素？“新型活页式、工作手册式”教材须具备什么样的功能？

本书着重把握新型活页式、工作手册式教材的深刻内涵和承载的功能，遵循能力本位、学生中心、成果导向等职业教育基本规律，将专业教育、创新教育、课程思政以及“1+X”融为一体，教材功能指向职业能力培养，充分体现职业教育类型特征。

职业教育是“学习如何工作的教育”。因此，本书将完整展现职业行动的工作原貌作为第一原则，将工作内容序化为职业活动，构成职业行动体系，辅以支撑职业活动的职业知识。为了清晰表达工作原貌，在具体版面设计上，横版编辑，一页纸分为左右对称两部分，左侧为职业行动，右侧为支撑职业活动得以开展的职业知识。

具体表现：页面左侧为序化的职业行动——作业准备—拆卸—检修—安装，形成职业行动体系，作为教材结构逻辑；页面右侧为支撑职业行动的技术标准、规范、要求、原则、方法、原理等理论知识、技术理论知识、技术实践知识以及经验性知识，其中技术实践知识为主，并进行表格化处理以方便查阅，体现手册式特征。

全书共六个项目，包括检修蓄电池、检测与拆装交流发电机、检测与拆装起动机、检修点火系统、检修照明仪表装置和检修汽车电动辅助装置。书中配备视频、动画等电子资源二维码，并配套开发了教学工作页和助教课件等教学资源。

每个项目包含四部分内容：第一部分是项目概述，包括项目描述、项目要求、学习目标和学习载体；第二部分是项目实施，包括职业行动、职业知识和任务测评；第三部分是学习考评，包括考评项目、实施准备、验证方法与标准和考评报告；第四部分是课程思政，包括页脚标语、拓展阅读。

本书编写紧紧围绕新型活页式、工作手册式教材本质特征，使其具备如下特点：

1. 体现能力本位功能，突出职业能力培养

将项目或任务的工作内容序化为完整的工作过程，建立工作六要素（对象、内容、手段、组织、产品、环境）之间的内在联系，展示工作原貌，在完成职业活动过程中不断积淀职业能力。

2. 体现学生中心思想，以方便学生学习为第一原则

活页装订方便学生增添新知识、新技能以及学习心得，页面留白处理方便学生学习记录，多元目录索引方便学生学习查阅，职业知识表格化处理简洁明了，充分体现手册功能特征。

3. 体现成果导向思想，满足学分银行认证要求

“职教20条”第八条指出要“加快推进职业教育国家‘学分银行’建设，从2019年开始，探索建立职业教育个人学习账号，实现学习成果可追溯、可查询、可转换”。学习成果认定是学分银行实施的基础，为此，本书每一个项目最后，都设计了一个学习成果认定考核方案，供师生参考选择。

4. 适应“1+X”证书制度，内容选取参考职业技能等级标准

在“1”的基础上，针对职业要求进行拓展和补充，将汽车职业技能等级标准有关内容及要求有机融入教材中，实现课证融通。

5. 体现“专业＋思政＋创新”时代要求，实现三育融合

本书每个项目的页脚采用蕴含思政元素和创新元素的标语式语句，寓教于警示励志语言——标语彰显式。本书选定一个思政和创新主题，按照主题选取编辑若干个故事，寓教于故事中——主题镶嵌式。每个任务拓展训练中紧密结合任务内容将思政元素和创新元素融入其中，寓教于水乳交融中——星火相融式，专业教育中突出“人的底色”与创新素质培养。

6. 辅以信息化数字资源，教材内容立体呈现

本书配套开发设计了教学工作页、教学课件、任务工单、习题作业及大量的媒体素材等资源，方便师生学习查阅。

7. 图文并茂，职业知识表格化处理，突出“手册式”功能

本书编写时选用了大量图例，文字力求简练、通俗，内容简明扼要，职业知识表格化处理，易于快速查阅，通俗易懂。

8. 新增新技术、新工艺、新规范，增强教材时效性

本书在选用学习载体和学习内容时，充分考虑汽车电器设备和技术的发展和变化，主要介绍了目前市面上主流车型、功能和技术路线，增加了很多新的控制方式设备，增强了教材的时效性。

9. 校企双元合作开发，充分融入职业要素

本书共六个项目，由吉林电子信息职业技术学院董括编著。吴洪星根据企业实际经验，为本书的编写提供了大量的素材、数据以及案例等。

为本书审稿者是长春市瑞孚汽车销售服务有限公司东风日产4S店店面技术主管李宏星，他对全书进行了认真细致的审阅，并提出了宝贵的意见和建议，在此表示衷心的感谢！

由于编著者水平有限，书中难免有疏漏之出，恳请广大读者批评指正。

编著者
2021年8月

目录

视频 / 动画目录

项目一　检修蓄电池

一、项目描述

完成 2007 款卡罗拉 1.6 L/AT 轿车蓄电池检修作业。

二、项目要求

符合 2007 款卡罗拉 1.6 L/AT 轿车维修手册要求与标准，正确使用工具，完成如下职业行动：

（1）检测蓄电池。

（2）拆装蓄电池。

（3）蓄电池充电。

三、学习目标

（1）准确描述蓄电池的位置、结构、工作原理。

（2）准确描述蓄电池的检修作业的方法。

（3）准确描述蓄电池的拆装作业的方法。

（4）准确描述蓄电池的充电作业方法。

（5）规范地对蓄电池进行检测作业。

（6）规范地对蓄电池进行拆装作业。

（7）规范地对蓄电池进行充电作业。

（8）养成自觉遵守技术标准和要求规定、规范操作、安全、环保、“5S”作业的好习惯。

（9）树立技能报国的志向。

（10）体会并提取电池发展史里的创新要素。

四、学习载体

2007 款卡罗拉 1.6 L/AT 轿车蓄电池如下图。

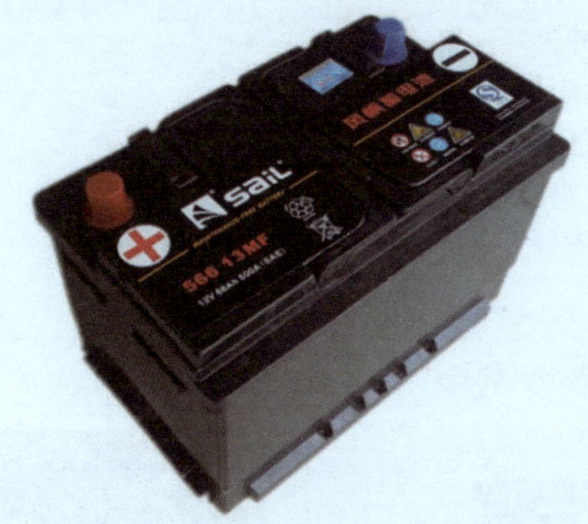

汽车蓄电池

蓄电池是汽车上的两个电源之一。它的主要作用是在起动发动机时（5 ～ 10 s）向起动机输出大电流（一般为 200 ～ 600 A，最大可达 800 ～ 1 000 A），以使起动机产生强大的旋转扭矩，顺利起动发动机。

学习笔记

学习笔记

任务一　检测蓄电池

职业行动

步骤一：作业准备

1. 作业场地

选择带有消防设施的作业场地。

2. 设备设施

2007 款卡罗拉 1.6 L/AT 轿车、零件车、垃圾桶。

3. 工量辅具（见表 1-1-1）

表 1-1-1　检测蓄电池工量辅具

套筒扳手组合套具	翼子板三件套
万用表	蓄电池检测仪

4. 耗材

清洁布、泡沫清洁剂、护目镜、防松胶、劳保手套。

职业知识

蓄电池作用

供电	• 在发电机不发电时或电压较低时，由蓄电池向用电设备供电	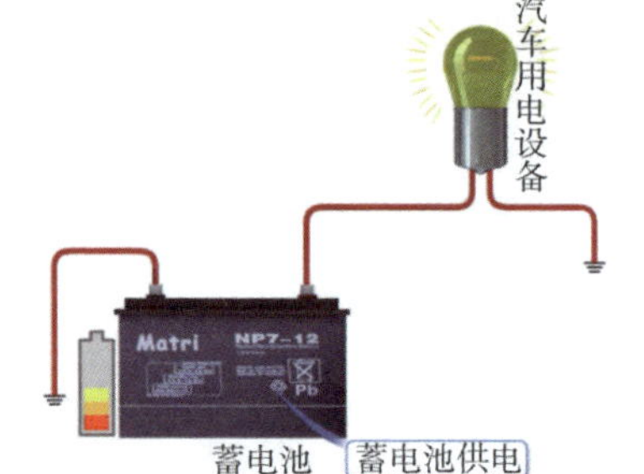
储电	• 当发动机高速运转，发电机电压高于蓄电池的充电电压时，蓄电池将发电机发出的多余电能存储起来	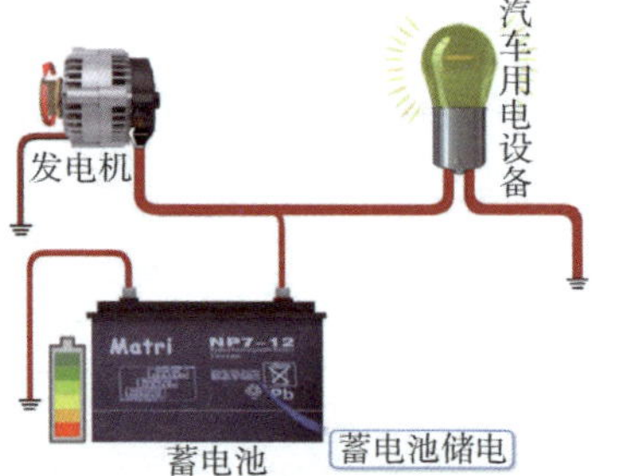
稳压	• 蓄电池起到整车电气系统的电压稳定器作用。它可以吸收电路中的瞬时电压，缓和电气系统的冲击电压，保持汽车电气系统电压的稳定，保护汽车上的电子元件	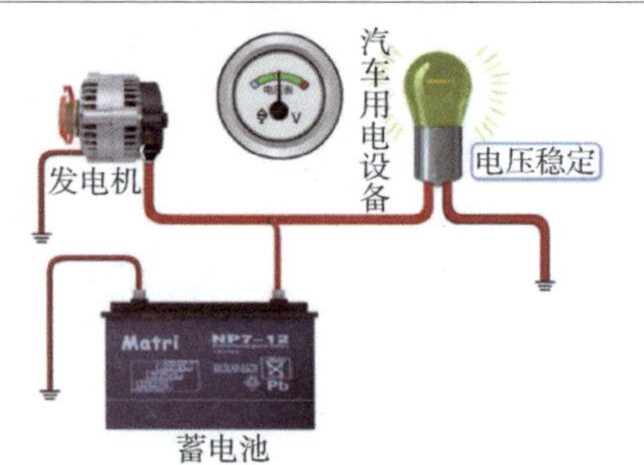

步骤二：前期准备

（1）关闭点火开关、灯光、收音机、空调等所有的用电设备。

（2）拉紧驻车制动手柄，换挡杆置于P挡，见图1-1-1。

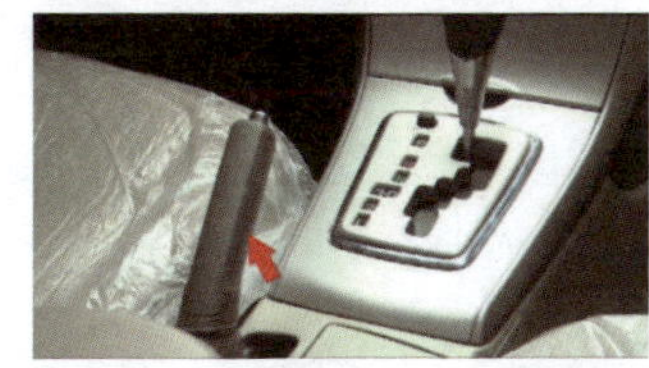

图 1-1-1 换挡杆置于 P 挡

（3）打开发动机舱盖。

（4）铺设翼子板三件套。

步骤三：检查蓄电池外观

（1）检查蓄电池外壳是否破裂或发生电解液渗漏现象。如有，则更换蓄电池，见图1-1-2。

图 1-1-2 检查蓄电池外壳

（2）检查蓄电池是否有腐蚀物。如有，则用铜丝刷子清洁，直到裸露出金属。

（3）检查蓄电池电缆接头与极柱和连接导线有无松动。如有，应紧固或更换电缆接头，见图1-1-3。

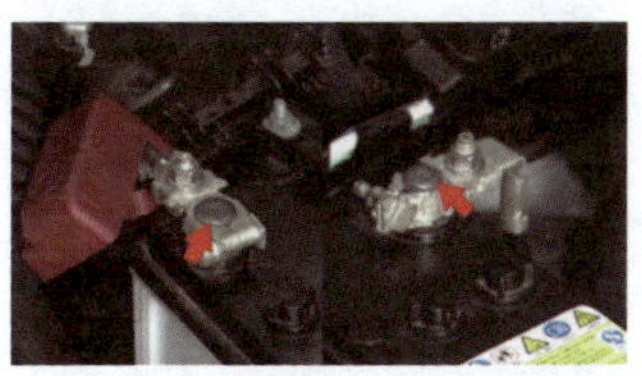

图 1-1-3 检查蓄电池电缆接头

（4）清洁时用蘸有清污剂的清洁布，注意清洁时戴橡胶手套，见图1-1-4。

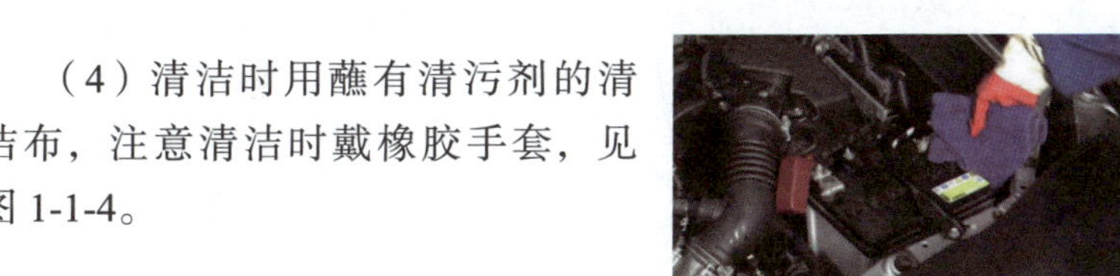

图 1-1-4 清洁蓄电池

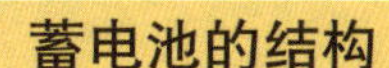

蓄电池的结构

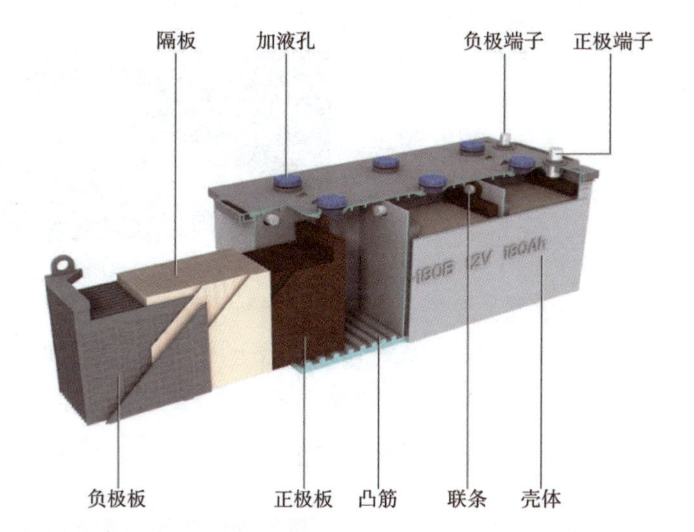

免维护蓄电池的结构

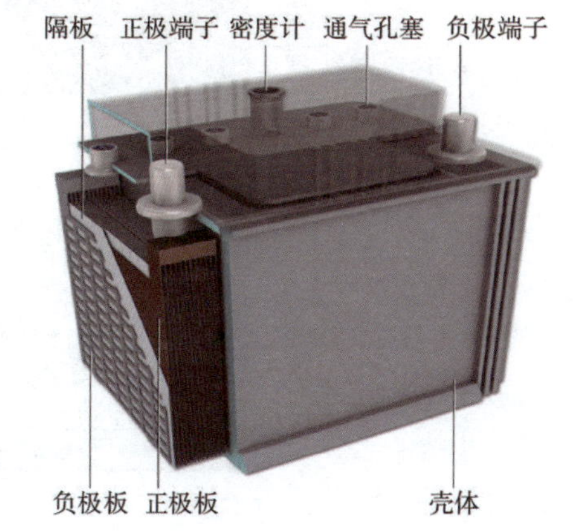

视频

1-1 检查蓄电池外观

学习笔记

步骤四：检查蓄电池静态电压

（1）打开万用表，选择直流电压 20 V 挡。

（2）清洁正负极柱顶端及正负极电缆接头。

（3）将红黑表笔与蓄电池正负极柱顶端连接，观察并记录电压读数（正常电压值是 12 ～ 12.6 V），见图 1-1-5。

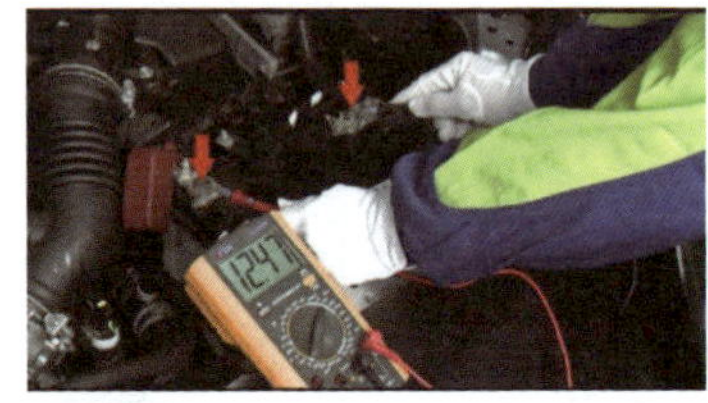

图 1-1-5　连接万用表后观察记录

（4）将万用表开关置于 OFF 挡，并放回工具车上。

注意事项：测电压时，表笔要接触蓄电池的极柱上，不能与正负极电缆接头相连。确保关闭所有的用电设备。

步骤五：检查起动时蓄电池电压

（1）打开中央继电器盒盖，找到喷油器电源熔丝，拔下喷油器电源熔丝，见图 1-1-6。

图 1-1-6　拔掉喷油器熔丝

（2）选用万用表，将其直流电压调至 20 V 挡，将万用表红黑表笔分别与蓄电池正负极柱顶端连接。将点火开关转至“START”位置，并保持在 3 ～ 5 s 内，见图 1-1-7。

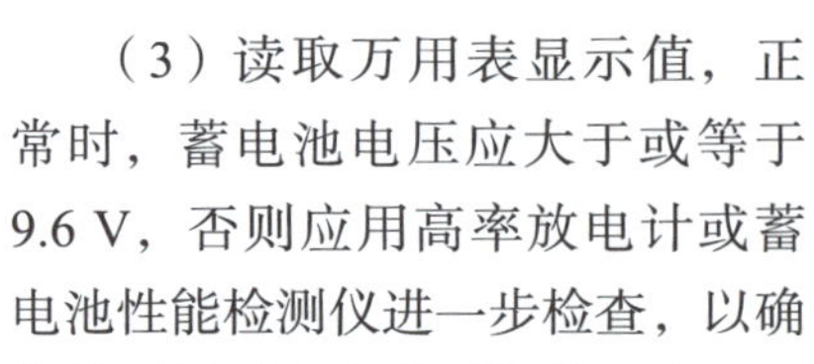

（3）读取万用表显示值，正常时，蓄电池电压应大于或等于 9.6 V，否则应用高率放电计或蓄电池性能检测仪进一步检查，以确定是否需要充电或更换蓄电池。

图 1-1-7　检查蓄电池起动电压

视频

1-2 蓄电池工作原理

常见蓄电池类型

普通蓄电池	干荷蓄电池	免维护蓄电池
	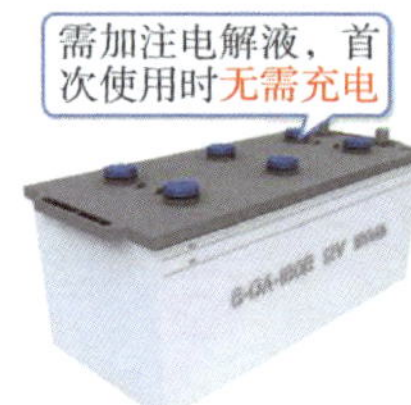	

蓄电池工作原理

充电	★ 正极：$PbSO_4+2H_2O-2e^- \rightarrow PbO_2+SO_4^{2-}+4H^+$ ★ 负极：$PbSO_4+2e^- \rightarrow Pb+SO_4^{2-}$ 正极端的 $PbSO_4$ 和水反应失去电子转变为 PbO_2、SO_4^{2-} 离子和 H^+ 离子。 负极端的 $PbSO_4$ 得到电子，生成 Pb 和 SO_4^{2-} 离子。	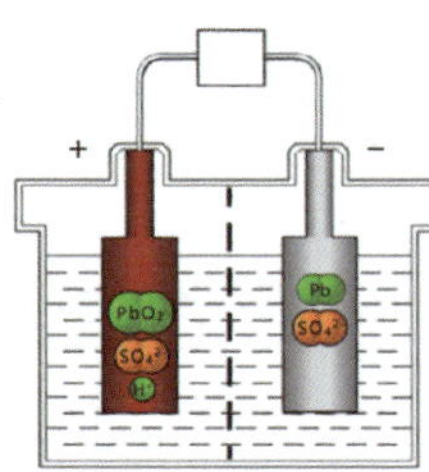
放电	★ 正极：$PbO_2+HSO_4^-+3H^++2e^- \rightarrow PbSO_4+2H_2O$ ★ 负极：$Pb+HSO_4^- \rightarrow PbSQ_4+H^+-2e^-$ 正极端的 PbO_2、HSO_4^- 离子和 H^+ 离子与电子结合转变为 $PbSO_4$ 和水。 负极端的 Pb 和 HSO_4^- 离子反应生成 $PbSO_4$ 和 H^+ 离子并失去电子。	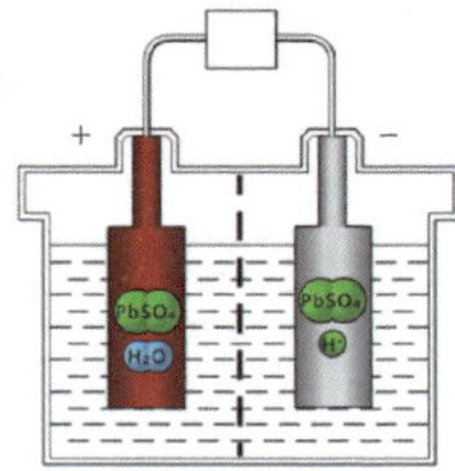

为中华之崛起而读书。

步骤六：检查蓄电池电解液

（1）用手拧下加液孔盖，检查外观有无损坏，通气孔是否畅通。检查完后，将加液孔盖放置于工具车，见图 1-1-8。

（2）观察电解液是否浑浊。如有，则需更换蓄电池，见图 1-1-9。

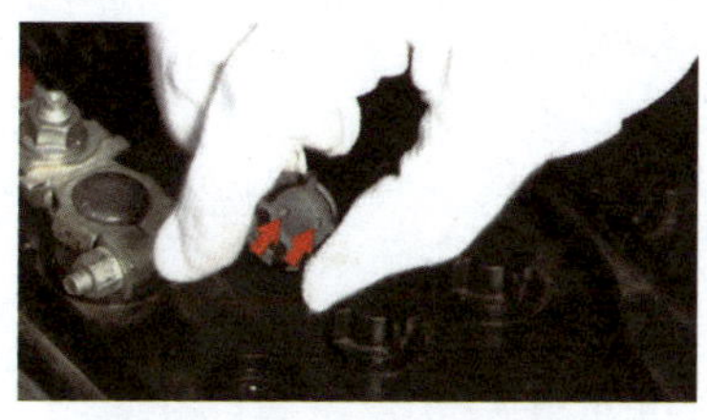

图 1-1-8　检查加液孔盖

图 1-1-9　观察电解液

（3）检查电解液液位。正常情况下，电解液液位应在上下刻度线之间；如果电解液液位低于下限，则适当加注蒸馏水，见图 1-1-10。

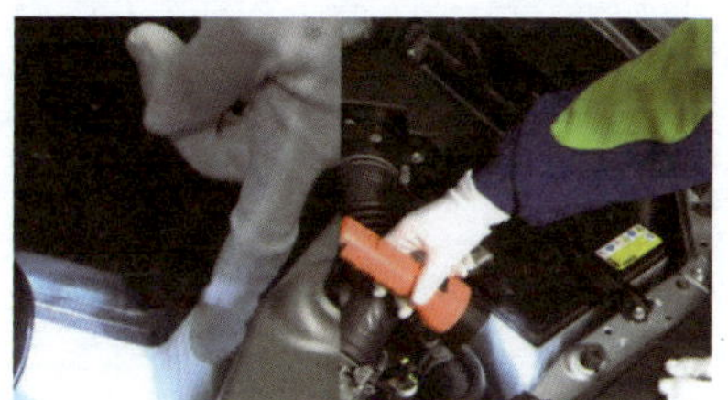

图 1-1-10　检查电解液液位

（4）安装加液孔盖并旋紧。

（5）用蘸有苏打水的清洁布清洁蓄电池外观。

蓄电池电解液

组成	80% 硫酸和蒸馏水按一定比例配制而成
比重	1.24 ～ 1.30
密度	12.75 ～ 12.85 g/cm^3
补充方法	加入纯净水

蓄电池常见故障

故障	故障原因	故障现象	处理措施
蓄电池极板硫化	• 极板上的 $PbSO_4$ 变成的粗晶粒坚硬且不易溶解，在正常充电时不易被还原成活性物质，并阻碍电解液与极板活性物质接触，从而造成蓄电池的容量下降、内阻增大而使起动性能下降	• 容量和起动性能明显下降。 • 放电时蓄电池端电压下降较快。 • 充电时电压上升快，温度升高也快，电解液会过早地出现大量气泡（“沸腾”）。 • 充电时电解液的密度上升缓慢，且达不到规定值。 • 极板上部有白色的霜状物	• 极板硫化不严重时，可以通过去硫化充电法减弱或消除极板上的粗晶粒 $PbSO_4$。 • 极板硫化严重则只能更换新的蓄电池
蓄电池自放电	• 蓄电池每昼夜自行放电量大于 2% 额定容量	• 充足电的蓄电池停放几天或几小时后就存电不足	• 全放电或过度放电后将电解液全部倾出，再用蒸馏水冲洗壳体内部，然后加注电解液，并将蓄电池充足电

学习笔记

学习笔记

步骤七：检查蓄电池性能

（1）将高率放电计的红色线夹夹持于蓄电池正接线柱上，将高率放电计的黑色线夹夹持于蓄电池负接线柱上，见图 1-1-11。

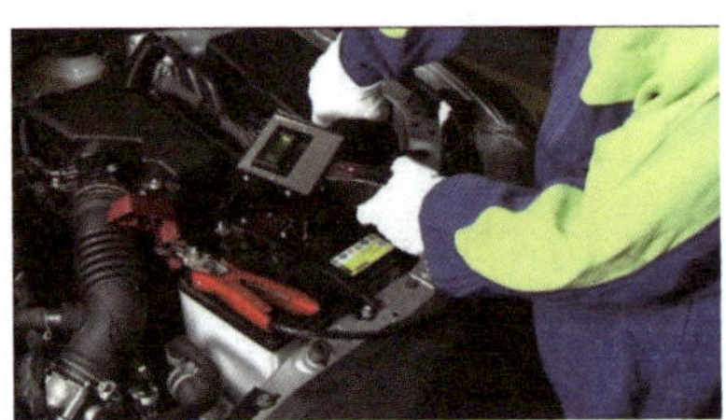

图 1-1-11　连接高率放电计

（2）将按钮按下（时间不得超过 10 s，否则会烧坏高率放电计）；待电压稳定，观察并记录读数。正常值在 10 V 以上，否则蓄电池亏电或蓄电池已损坏，见图 1-1-12。

图 1-1-12　读取高率放电计电压

（3）测试完毕后，将高率放电计线夹与蓄电池接线柱分离。

蓄电池常见故障（续）

故障	故障原因	故障现象	处理措施
蓄电池极板活性物质早期脱落	• 因使用不当而造成蓄电池极板上的活性物质有大量的脱落	• 充电过程中电解液会成为浑浊褐色溶液，充电电压也会上升过快，并且电解液也会过早出现“沸腾”现象，而其密度达不到规定的最大值。 • 放电时电压下降过快，也会与蓄电池极板硫化一样，容量明显不足	• 活性物质脱落较少时，可以倾出全部电解液，用蒸馏水冲洗后重新加注电解液，充足电后继续使用。 • 活性物质脱落过多则需更换极板组或报废蓄电池

任务测评

一、知识测评

确定本任务关键词，按重要程度进行关键词排序并举例解读。

根据自己对重要信息捕捉、排序、表达、创新和划分权重能力进行自评，见表 1-1-2，满分 100 分。

表 1-1-2　检测蓄电池知识测评表

序号	关键词	举例解读	评分自定
1			
2			
3			
4			
5			
总分			

二、能力测评

对表 1-1-3 所列作业内容，操作规范即得分，操作错误或未操作即零分。

表 1-1-3　检测蓄电池能力测评表

序号	能力点	配分	得分
1	前期准备	10	
2	检查蓄电池外观	10	
3	检查蓄电池静态电压	20	
4	起动时电压检测	20	
5	检查电解液及液位	20	
6	检查蓄电池性能	20	
总分		100	

三、素养测评

对表 1-1-4 所列素养点，做到即得分，未做到即零分。

表 1-1-4　检测蓄电池素养测评表

序号	素养点	配分	得分
1	设备和工具安全检查	20	
2	车辆安全防护	20	
3	工具清洁、校准、存放	20	
4	工量辅具、零部件、油水液体“三不落地”	20	
5	工位“5S”	20	
总分		100	

四、拓展训练

（1）请列举出在检测蓄电池过程中易出现的问题，分析产生问题的原因并制定解决问题的措施。

（2）目前，市面上很多车辆使用的是免维护蓄电池，试制定检测流程并进行检测。

（3）蓄电池是汽车起动电源，其检测从最开始需要专业的设备，到现在只通过电眼就可以判断电池的状态，技术进步一直在持续。

请按照下列思维导图格式（见图 1-1-14），总结检测蓄电池的学习收获，并列举 3 个国产车用蓄电池品牌的技术优势，同时谈谈“风帆”品牌蓄电池的创新之处。

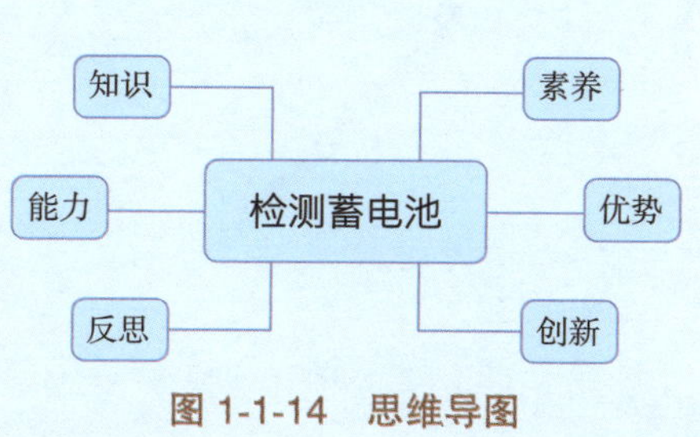

图 1-1-14　思维导图

学习笔记

任务二　拆装蓄电池

职业行动

步骤一：作业准备

1. 作业场地

选择带有消防设施的作业场地。

2. 设备设施

2007 款卡罗拉 1.6 L/AT 轿车、零件车、垃圾桶。

3. 工量辅具（见表 1-2-1）

表 1-2-1　检测蓄电池工量辅具

套筒扳手组合套具	翼子板三件套
扭力扳手	万用表

4. 耗材

清洁布、泡沫清洁剂、护目镜、防松胶、劳保手套。

职业知识

蓄电池上安全标识

	在处理蓄电池时严禁明火、火花、强光和吸烟。避免在处理电缆和电器设备时产生的电火花以及因静电而产生的放电。避免短路。所以不允许把工具放在蓄电池上
	在进行蓄电池方面的工作时必须戴上护目镜
	必须使儿童远离电解液和蓄电池
	回收处理：旧蓄电池是特殊垃圾。只有在合适的收集地点和在法规允许条件的情况下处理
	旧蓄电池不能当作生活垃圾来处理
	处理蓄电池时有爆炸危险。蓄电池充电时，会产生具有强烈爆炸性的氢氧混合气体
	遵守电气装置维修手册和使用说明书中有关蓄电池的说明。腐蚀危险：蓄电池电解液侵蚀性很强，所以在进行蓄电池方面的工作时应戴上防护手套和护目镜
	蓄电池不允许翻转，否则电解液会从排气孔流出

发明是百分之一的聪明加百分之九十九的勤奋。

步骤二：拆卸蓄电池

（1）拧松蓄电池上方压板的固定螺母及螺栓，然后旋出压板外侧的固定螺栓，拧松压板内侧的固定螺母，将压板和钩形螺杆一同取下，见图 1-2-1。

图 1-2-1　旋出蓄电池压板外侧的固定螺栓

（2）选用梅花扳手拧松蓄电池负极接线柱固定螺母，取下负极电缆，并放置于合适位置。

（3）按照同样的方法取下正极电缆，见图 1-2-2。

（4）取出蓄电池，放置于工作台上。

图 1-2-2　断开蓄电池负极电缆

步骤三：安装蓄电池

（1）检查蓄电池底座有无裂纹和破损，如有，应更换。

（2）检查蓄电池支撑座有无腐蚀或变形，如有，应清洁或修复，见图 1-2-3。

图 1-2-3　检查蓄电池支撑座

（3）检查蓄电池型号是否正确。

（4）将蓄电池对正平放在底座的凹槽中，见图 1-2-4。

图 1-2-4　将蓄电池放在底座的凹槽中

蓄电池装配图

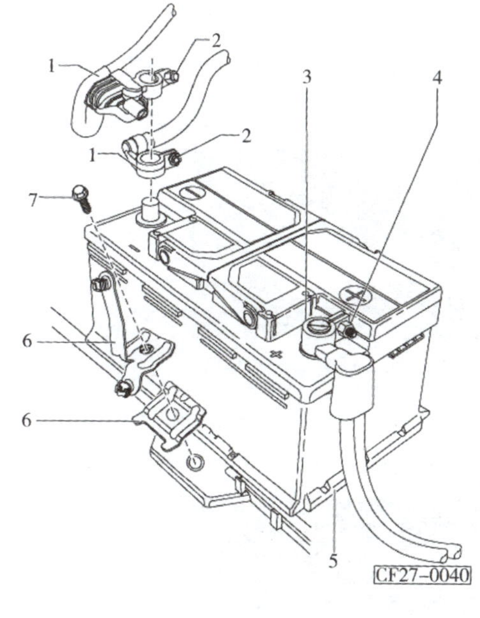

1——蓄电池负极接线：

- 带蓄电池监控控制单元的负极接线仅用于带有起动 / 停　止（start/stop）功能的车型。

2——蓄电池负极接线的紧固螺母：

- M6；
- 6 N • m。

3——蓄电池正极接线。

4——蓄电池正极接线的紧固螺母：

- M6；
- 6 N • m。

5——蓄电池。

6——固定板：

- 依车辆装备不同，选装其中一种固定板。

7——紧固螺栓：

- M8 × 35；
- 20 N • m。

学习笔记

视频

1-3 拆卸蓄电池

视频

1-4 安装蓄电池

学习笔记

（5）将钩形螺杆与支撑座相连，将压板对正安装位置，旋入固定螺栓并拧紧固定螺母及螺栓，见图 1-2-5。

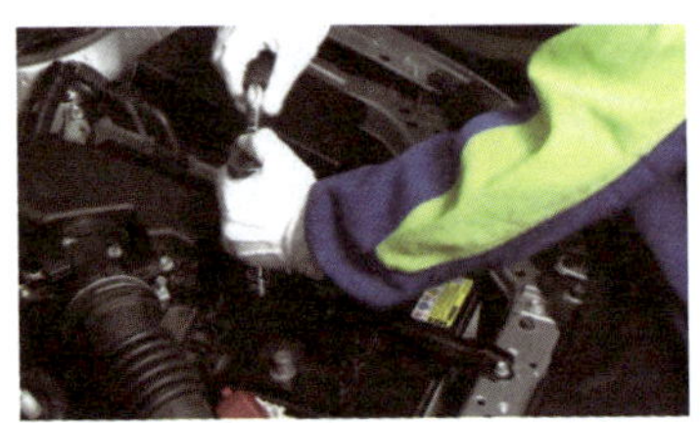

图 1-2-5　将钩形螺杆与支撑座相连

（6）安装蓄电池正极电缆，并拧紧固定螺母确保安装牢固；装上蓄电池正极保护盖，见图 1-2-6。

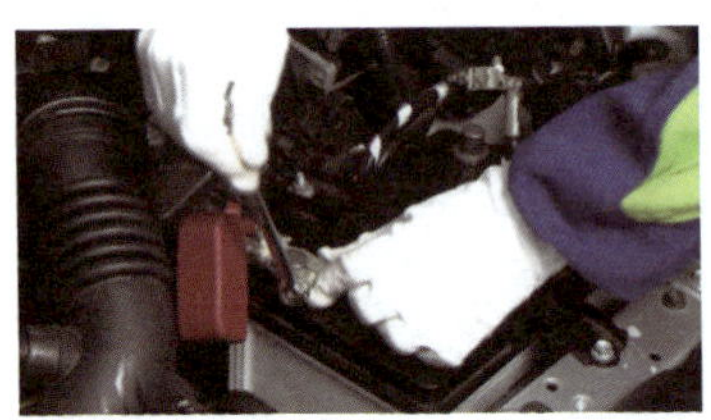

图 1-2-6　安装蓄电池正极电缆

（7）安装蓄电池负极电缆，并确保安装牢固。

（8）检查起动时蓄电池电压，见图 1-2-7。

图 1-2-7　检查起动时蓄电池电压

蓄电池安装位置

一般蓄电池安装在发动机舱内	有些蓄电池安装在行李箱内备胎下

拆装技术标准

紧固蓄电池压紧螺栓扭矩	20 N • m
电缆端子螺母扭矩	5 N • m

拆装蓄电池要求

1	确保蓄电池托架、电缆和端子的清洁、不潮湿且未腐蚀
2	如果端子卡箍被腐蚀，则更换蓄电池线束
3	检查是否有腐蚀沉积物，若有应先去除
4	安装蓄电池并检查其是否平放在托架上
5	确保蓄电池托架中没有异物（例如，松脱的螺母或石子）
6	安装每个电缆端子使其固定在蓄电池接线柱顶部下方
7	将凡士林涂于蓄电池接线柱和电缆端子以防腐蚀
8	蓄电池较重，防止落地砸伤

发明是百分之一的聪明加百分之九十九的勤奋。

学习笔记

任务测评

一、知识测评

确定本任务关键词，按重要程度进行关键词排序并举例解读。

根据自己对重要信息捕捉、排序、表达、创新和划分权重能力进行自评，见表 1-2-2，满分 100 分。

表 1-2-2　拆装蓄电池知识测评表

序号	关键词	举例解读	评分自定
1			
2			
3			
4			
5			
总分			

二、能力测评

对表 1-2-3 所列作业内容，操作规范即得分，操作错误或未操作即零分。

表 1-2-3　拆装蓄电池能力测评表

序号	能力点	配分	得分
1	前期准备	20	
2	拆卸蓄电池	20	
3	检查蓄电池	20	
4	安装蓄电池	20	
5	检查起动时蓄电池电压	20	
总分		100	

三、素养测评

对表 1-2-4 所列素养点，做到即得分，未做到即零分。

表 1-2-4　拆装蓄电池素养测评表

序号	素养点	配分	得分
1	设备和工具安全检查	20	
2	车辆安全防护	20	
3	工具清洁、校准、存放	20	
4	工量辅具、零部件、油水液体“三不落地”	20	
5	工位“5S”	20	
总分		100	

四、拓展训练

（1）请列举出在拆装蓄电池过程中易出现的问题，分析产生问题的原因并制定解决问题的措施。

（2）现在很多车辆电池都增加了蓄电池传感器，通过查找相关资料，制定拆装此类蓄电池的拆装计划。

（3）请按照下列思维导图格式（见图 1-2-8），总结拆装蓄电池的学习收获，并梳理蓄电池技术进化过程中的最关键改进。你认为在拆装蓄电池工作中，什么职业品质最重要？选取一个词填到思维导图的空格里，展开思考。

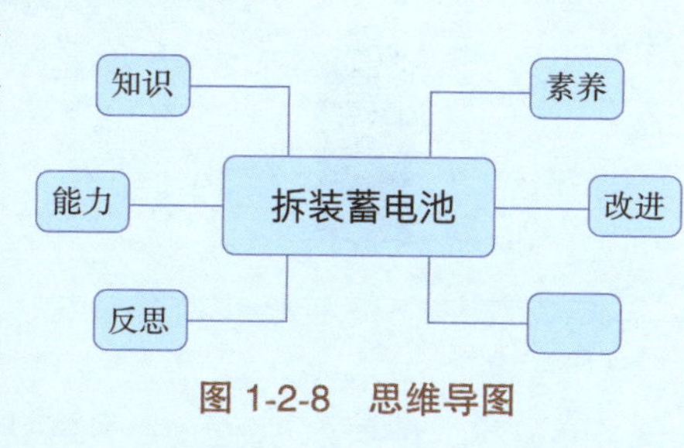

图 1-2-8　思维导图

任务三　蓄电池充电

充电作业

步骤一：作业准备

1. 作业场地

选择带有消防设施的作业场地。

2. 设备设施

2007 款卡罗拉 1.6 L/AT 轿车、零件车、垃圾桶。

3. 工量辅具（见表 1-3-1）

表 1-3-1　检测蓄电池工量辅具

套筒扳手组合套具	翼子板三件套
万用表	蓄电池检测仪

4. 耗材

清洁布、泡沫清洁剂、专用密封胶、防松胶、劳保手套、护目镜。

职业知识

充电机控制面板说明

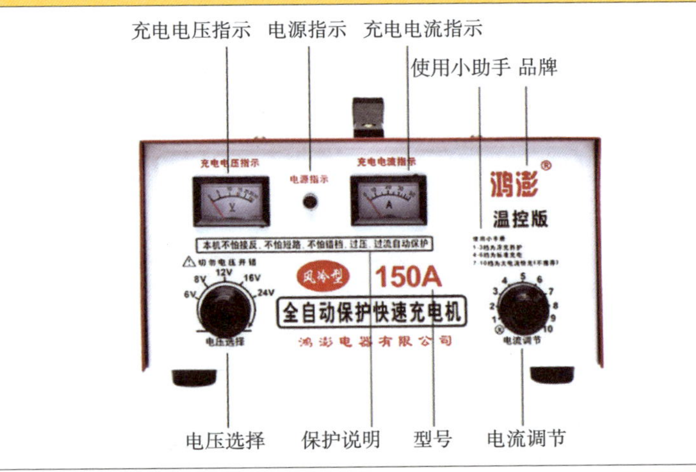

常用充电机类型

快速充电机	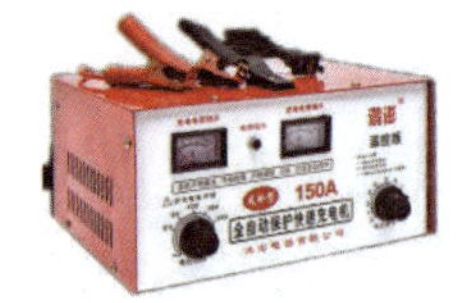	为蓄电池充电，可调整充电的电压、电流。一般只能同时为一个蓄电池充电，价格便宜
起动型充电机		为蓄电池充电，可调整充电的电压、电流。它不仅可以同时给多个蓄电池充电，还可用于汽油车、柴油车的应急起动，价格较高

认真做事是合格，用心做事才是优秀。

步骤二：蓄电池充电

（1）蓄电池充电前，先对蓄电池进行外观检查，清洁极柱表面脏污。充电作业时佩戴安全眼镜和护具。

（2）充电前，将充电机输出电流调至最小，见图 1-3-1。

（3）将充电机正负接线柱与充电机正负极电缆连接，见图 1-3-2。

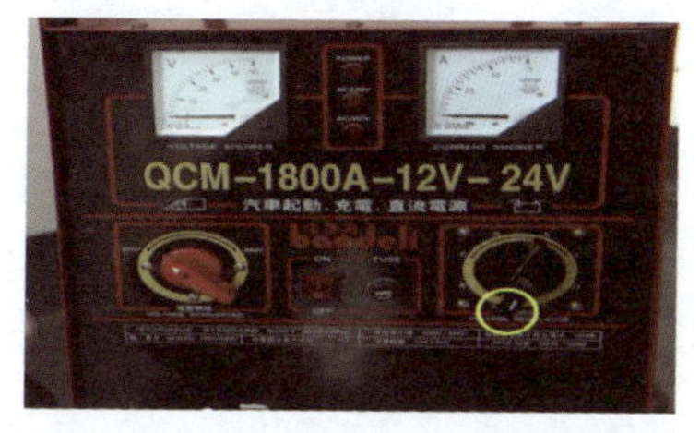

图 1-3-1 将充电机输出电流调至最小

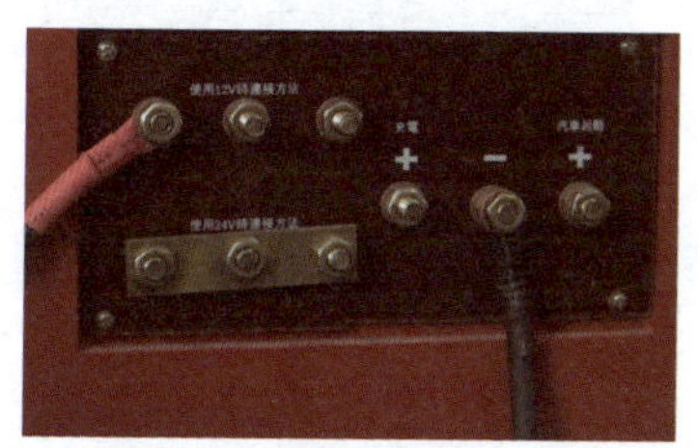
图 1-3-2 连接充电机正负接线柱

（4）打开充电机电源开关，见图 1-3-3。

（5）连接充电机正负极电缆与蓄电池正负极接线柱，见图 1-3-4。

图 1-3-3 打开充电机电源开关

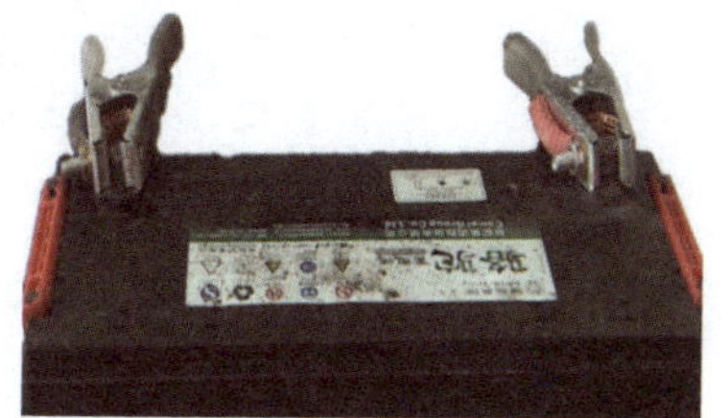
图 1-3-4 连接蓄电池正负接线柱

（6）选择合适的电流挡位和合适的充电时间。充电电流大小应选择额定容量的 1/8 ～ 1/10。

（7）充电完毕，关闭充电机电源开关，分离充电机正负极电缆与蓄电池正负极接线柱。

充电机使用要求

- 切勿将充电机连接蓄电池的正负极线接反。
- 先接蓄电池后接市电，检查无误后可打开充电开关。
- 充电时，蓄电池会产生氢气和氧气，充电前请打开或去掉蓄电池盖子并保持通风。
- 充电机附近或处理蓄电池时，请勿吸烟。请避免明火或火花。
- 充电机与蓄电池不匹配可能产生爆炸危险。
- 根据实际应用和环境情况定时监控充电过程。
- 蓄电池中含有硫酸会引起烧伤，不要将硫酸弄到眼睛、皮肤和衣服上。若接触到硫酸，立即用清水冲洗，溅到眼睛里时应去就医

蓄电池充电过程

- 恒流充电。充电电流不变，充电电压逐渐上升，升至 2.45 V 每格，转到恒压充电。
- 恒压充电。充电电压不变，充电电流逐渐降低，将至 0.5 C 作用，转到恒压充电。
- 涓流充电。在这期间充电机的充电电压通常控制在 13.6 ～ 13.8 V，充电电流较自放电电流略大，通常为 0.01 ～ 0.03 C。

蓄电池容量

定义	在规定的放电条件下，完全充足电的蓄电池所能输出的电量
意义	• 衡量蓄电池对外放电能力。 • 衡量蓄电池性能的优劣。 • 选用蓄电池的最重要指标
符号	C
单位	A · h（安 · 时）

学习笔记

视频

1-5 蓄电池充电

认真做事是合格，用心做事才是优秀。

学习笔记

步骤三：蓄电池充电检测

（1）充电过程中，应每小时检查一次蓄电池电压，或蓄电池指示灯颜色，见图 1-3-5。

图 1-3-5 蓄电池指示灯颜色

若指示灯为绿色，则说明蓄电池充电完成。

若指示灯为黑色，则需要检查充电线连接是否可靠。

若指示灯为白色，可能是指示灯中有气泡，需要轻微晃动蓄电池，赶走气泡。晃动后依然是白色，则需要报废蓄电池。

（2）充电末期电压不足 16 V 时，需要停止充电，静置蓄电池 24 h，再根据测量蓄电池的电压再次进行充电。

注意事项：

- 若充电过程中，蓄电池排气孔溢出电解液，应立即停止充电，并查明原因。
- 若充电过程中，蓄电池温度超过 45 ℃，应停止充电，直至蓄电池温度回降至常温，此时减半充电电流再次充电。

蓄电池容量（续）

影响因素	放电电流	• 放电电流越大，端电压下降越快，放电时间越短，故蓄电池容量越小
	电解液温度	• 电解液温度降低，蓄电池容量减小
	电解液密度	• 适当增加电解液的密度，可以减小蓄电池内阻，提高电解液的渗透速度，使蓄电池容量增大，有利于延长蓄电池的使用寿命

蓄电池规格型号

型号	□-□□□-□ Ⅰ　Ⅱ　Ⅲ	例如：6-QAW-80A
含义	• 第Ⅰ部分：串联的单体蓄电池数，用阿拉伯数字表示。 • 第Ⅱ部分：蓄电池的类型和特征，用汉语拼音字母组成。一般第一个字母用Q，表示起动型蓄电池；其他字母表示蓄电池的特征代号。 • 第Ⅲ部分：蓄电池的额定容量，用 20 h 放电率额定容量来表示，以阿拉伯数字表示，单位为 A·h（安·时），在型号中单位略去	6：表示蓄电池由 6 个单体蓄电池串联。 Q：表示起动型蓄电池。 A：表示干电荷型蓄电池。 W：表示免维护型蓄电池。 80A：表示蓄电池容量为 80 A·h

蓄电池产品特征代号

代号	产品特征	代号	产品特征	代号	产品特征	代号	产品特征
A	干电荷	S	少维护	B	密闭式	I	激活式
H	湿电荷	F	防酸式	Y	液密式	D	带液式
W	免维护	M	密闭式	Q	气密式	J	胶质电解质

认真做事是合格，用心做事才是优秀。

学习笔记

任务测评

一、知识测评

确定本任务关键词，按重要程度进行关键词排序并举例解读。

根据自己对重要信息捕捉、排序、表达、创新和划分权重能力进行自评，见表 1-3-2，满分 100 分。

表 1-3-2　蓄电池充电知识测评表

序号	关键词	举例解读	评分自定
1			
2			
3			
4			
5			
总分			

二、能力测评

对表 1-3-3 所列作业内容，操作规范即得分，操作错误或未操作即零分。

表 1-3-3　蓄电池充电能力测评表

序号	能力点	配分	得分
1	检查蓄电池外观	20	
2	充电前准备	20	
3	充电作业	20	
4	充电结束	20	
5	蓄电池充电检测	20	
总分		100	

三、素养测评

对表 1-3-4 所列素养点，做到即得分，未做到即零分。

表 1-3-4　蓄电池充电素养测评表

序号	素养点	配分	得分
1	设备和工具安全检查	20	
2	车辆安全防护	20	
3	工具清洁校准存放	20	
4	工量辅具、零部件、油水液体“三不落地”	20	
5	工位“5S”	20	
总分		100	

四、拓展训练

（1）请列举出在蓄电池充电过程中易出现的问题，分析产生问题的原因并制定解决问题的措施。

（2）柴油车的蓄电池采用 24 V 供电，试制定柴油车蓄电池充电的流程并进行检测。

（3）请按照下列思维导图格式（见图 1-3-6），总结蓄电池充电的学习收获，思考有哪些措施能够加强充电操作的安全保障？

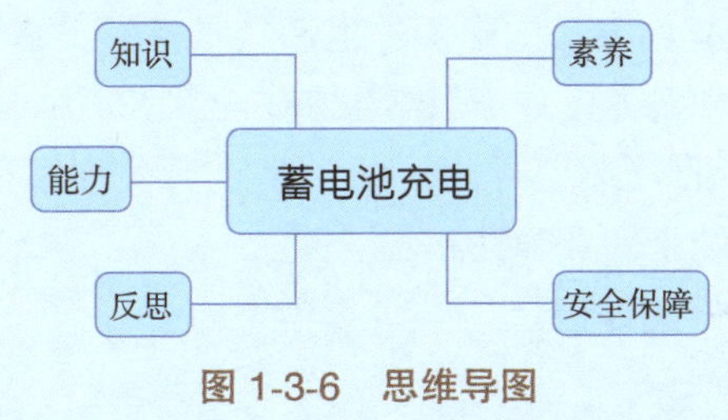

图 1-3-6　思维导图

学习笔记

学习考评

一、考评项目

根据所学，请对 2007 款卡罗拉 1.6 L/AT 轿车蓄电池进行检修，完成考评报告。

二、实施准备

1. 学生准备

学生在按照教学进度计划，已经完成了以下学习任务并达到了 75 分以上，可进行该学习考评的实施。

（1）理解并完成学习考评需要的职业知识和方法的学习，得分大于 75 分。

（2）运用学习考评需要的职业知识和方法进行作业，得分大于 75 分。

（3）按时、按质、按量完成相应作业，得分大于 80 分。

（4）具有自觉遵守技术标准和要求规定、规范操作、安全、环保、“5S”作业、团结协作的好习惯，得分大于 80 分。

（5）能制定 2007 款卡罗拉 1.6 L/AT 轿车蓄电池检修方案。

2. 教师准备

（1）在安排学生实施学习考评前，通过课堂问题研讨、作业、实训和考核及其他方式，确认学生已经具备了实施学习考评所需的知识、技能和素养，并确保学生在安全状态下独立进行。

（2）对协助教师进行测评的学生进行测评和监督方法的培训，确保测评结果的准确性和公平性。

（3）准备好测评记录。

三、验证方法与标准

（1）每位测评人员负责对两名学生进行定点、全过程的监控和测评。

（2）详细记录学生在实施学习考评过程中的相关信息、数据、结果、操作方法、完成时间，以及出现错误、事故等情况。

（3）学习考评的作业过程和数据记录等，要求在 90 min 内完成，时间不足，可在即将结束时，口述剩余部分的作业方法。

（4）考核内容及评分标准见下表。

考核内容及评分标准

序号	评分项	得分条件	评分标准	配分	扣分
1	安全 / 5S/ 态度	□ 1. 能进行工位 5S 操作 □ 2. 能进行设备和工具安全检查 □ 3. 能进行车辆安全防护操作 □ 4. 能进行工具清洁校准存放操作 □ 5. 能进行三不落地操作	未完成 1 项扣 3 分，扣分不得超 15 分	15	
2	专业技能能力	□ 1. 能正确检查蓄电池外壳 □ 2. 能正确检查蓄电池极柱 □ 3. 能正确检查蓄电池电缆接线 □ 4. 能正确清洁蓄电池 □ 5. 能正确测量蓄电池静态电压 □ 6. 能正确测量起动时蓄电池电压 □ 7. 能正确检查蓄电池电解液及液位 □ 8. 能正确使用高率放电计检查蓄电池性能 □ 9. 能正确拆卸蓄电池压板 □ 10. 能正确拆卸蓄电池正负极接线 □ 11. 能正确拆卸蓄电池	未完成 1 项扣 5 分，扣分不得超 50 分	50	

学习笔记

续表

序号	评分项	得分条件	评分标准	配分	扣分
2	专业技能能力	□ 12. 能正确检查蓄电池底板、蓄电池支撑座 □ 13. 能正确检查蓄电池型号 □ 14. 能正确安装蓄电池 □ 15. 能正确安装蓄电池正负极接线 □ 16. 能正确检查蓄电池起动时电压 □ 17. 能正确使用充电机 □ 18. 能正确使用充电机为蓄电池充电 □ 19. 能正确判断蓄电池充电情况	未完成 1 项扣 5 分，扣分不得超 50 分	50	
3	工具及设备的使用能力	□ 1. 能正确选用维修工具 □ 2. 能正确使用维修工具拆装 □ 3. 能正确使用测量工具 □ 4. 能正确使用专用工具 □ 5. 能熟练使用办公软件	未完成 1 项扣 5 分，扣分不得超 10 分	10	
4	资料、信息查询能力	□ 1. 能正确使用维修手册查询资料 □ 2. 能正确使用用户手册查询资料 □ 3. 能在规定时间内查询所需资料 □ 4. 能正确记录查询资料章节页码 □ 5. 能正确记录所需维修信息	未完成 1 项扣 2 分，扣分不得超 10 分	10	
5	数据判读和分析能力	□ 1. 能判断蓄电池静态电压是否正常 □ 2. 能判断蓄电池起动电压是否正常 □ 3. 能判断蓄电池性能是否正常 □ 4. 能判断蓄电池是否需要更换 □ 5. 能判断蓄电池是否需要加注电解液 □ 6. 能判断蓄电池充电是否完成	未完成 1 项扣 5 分，扣分不得超 10 分	10	

续表

序号	评分项	得分条件	评分标准	配分	扣分
6	表单填写与报告的撰写能力	□ 1. 字迹清晰 □ 2. 语句通顺 □ 3. 无错别字 □ 4. 无涂改 □ 5. 无抄袭	未完成 1 项扣 1 分，扣分不得超 5 分	5	
		合计		100	

四、考评报告

说明：考评分为理论考评和实操考评，理论考评根据项目要求以及考评模板格式制定项目实施方案，方案经教师审核合格后，方可进行实操考评。考评报告模板详见附录 A。

学习笔记

拓展阅读——电池发展史

电池在生活中无处不在，手机、笔记本电脑、各种遥控器，汽车电池更是发展得如火如荼，可以讲，如果没有电池，我们的生活会是另一番景象，电池诞生200年来最近20年技术进步迅速。

1799年，伏特把许多锌片与银片之间垫上浸透盐水的绒布或纸片，平叠起来。用手触摸两端时，会感到强烈的电流刺激。伏特用这种方法成功地制成了世界上第一个电池——“伏特电堆”。这个“伏特电堆”实际上就是串联的电池组。电池诞生了！开辟了一个伟大的时代！

1887年，英国人赫勒森发明了最早的干电池。1890年，爱迪生发明可充电铁镍电池。1905年，第一个蓄电池问世，用于汽车照明；1914年，第一次将起动型蓄电池用于汽车；1926年，第一台蓄电池充电器问世;1927年以后,博世公司开发出汽车用蓄电池。

早在19世纪末，蓄电池就开始使用蓄电池栅架，但是至今栅架仍然是铅酸蓄电池的主要部件。虽然铅酸蓄电池结构基本上没有什么变化，但能量密度已经增加了几倍，寿命几乎已达到汽车整体寿命。

一切发明都有赖于科学家们孜孜不倦的研究探索，在此向他们致敬！

1950年之后，加拿大工程师发明了现在非常常见的碱性电池（锌为阳极、镁氧化物为阴极，氢氧化钾为电解液，也就是碱性电池名字的来源），就是平时生活中常用的一次性电池，绝大多数都是不可充电的。

1989年，第一款商业镍氢电池问世（阳极为金属氢化物或储氢合金、阴极为氢氧化镍），研发耗时超过20年，被早期的丰田普锐斯混动车采用。

1991年，索尼公司推出了第一款商业锂离子电池。由于锂电池的高能量密度和配方不同，能够适应不同使用环境的特点，现在被广泛使用，成为电动汽车的主要动力源。

21世纪，我国在电池领域后来居上，诞生了比亚迪、宁德时代世界性电池产业巨头。

刀片电池：比亚迪2020年推出磷酸铁锂刀片电池，通过了极为严苛的针刺实验，安全性得到了验证，能量密度、安全性、成本占据优势，从红旗、现代到特斯拉，有越来越多的汽车品牌选择使用比亚迪的刀片电池。

钠离子电池：2021年，宁德时代取得钠离子电池的专利，钠离子电池是否将成为动力电池市场的主流，我们可以拭目以待。

在电池技术日新月异的发展竞争中，我国的电池产业正后来居上与传统电池强国一较短长。

思考

查阅资料，看看刀片电池有哪些优点和缺点？写一篇500字的中外电池发展比较。

学习笔记

学习笔记

项目二　检测与拆装交流发电机

一、项目描述

完成 2007 款卡罗拉 1.6 L/AT 轿车发电机的检测与拆装作业。

二、项目要求

符合 2007 款卡罗拉 1.6 L/AT 轿车维修手册要求与标准，正确使用工具，完成如下职业行动：

（1）拆装交流发电机。

（2）拆检交流发电机。

三、学习目标

（1）准确描述交流发电机的位置、结构、工作原理。

（2）准确描述交流发电机的检测方法。

（3）准确描述交流发电机的拆装方法。

（4）准确描述交流发电机的拆检方法。

（5）规范地对交流发电机进行检测作业。

（6）规范地对交流发电机进行拆装作业。

（7）规范地对交流发电机进行拆检作业。

（8）养成自觉遵守技术标准和要求规定、规范操作、安全、环保、“5S”作业的好习惯。

（9）养成精益求精的工作习惯。

（10）体会并提取发动机电控系统发展史的创新要素。

四、学习载体

2007 款卡罗拉 1.6 L/AT 轿车交流发电机如下图。

汽车蓄电池

发电机是汽车的主要电源之一，作用是将发动机的部分机械能变成电能。在汽车未起动时，需要靠蓄电池为汽车的电气设备提供电能。当车辆起动后，在发动机正常运转(怠速以上)时，由发动机带动发电机，产生电能，向所有用电设备(起动机除外)供电，同时向蓄电池充电。交流发电机的运行状况直接影响汽车电气部件的性能。

学习笔记

任务一　拆装交流发电机

职业行动

步骤一：作业准备

1. 作业场地

选择带有消防设施的作业场地。

2. 设备设施

2007 款卡罗拉 1.6 L/AT 轿车、零件车、垃圾桶。

3. 工量辅具（见表 2-1-1）

表 2-1-1　拆装交流发电机工量辅具

套筒扳手组合套具	翼子板三件套
万用表	蓄电池检测仪

4. 耗材

清洁布、劳保手套。

职业知识

交流发电机

位置	汽车发电机安装在汽车发动机侧面，通过皮带与发动机曲轴相连
作用	• 当发动机在怠速以上转速运转时，为所有电气设备供电。 • 向蓄电池充电

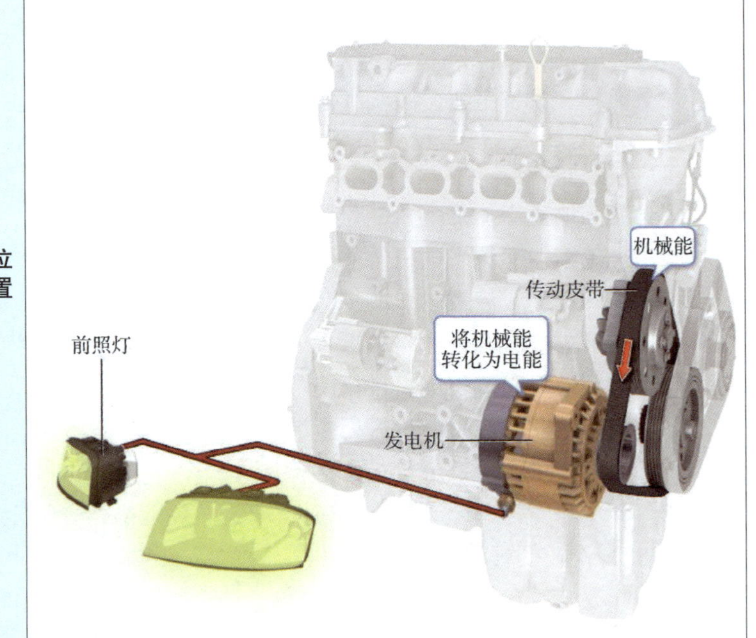

　解决问题就是创新。

步骤二：拆卸发电机外围设备

（1）关闭点火开关，断开蓄电池负极连接线，见图 2-1-1。

（2）拆卸散热器上空气导流板。

（3）拆卸气缸盖罩。

（4）拆卸多楔带（在拆卸之前，标记多楔带的转动方向）。

① 拧松发电机上固定螺栓。

② 逆时针旋转多楔带调整螺栓，适当调整发电机的位置，使多楔带处于松弛状态。

图 2-1-1　断开蓄电池负极连接线

③ 取下多楔带。

步骤三：拆卸发电机

（1）拔开发电机线束固定卡夹，取下发电机线束，见图 2-1-2。

（2）根据维修手册，选用 10 mm 套筒、棘轮扳手，正确使用工具，拧松发电机正极端子固定螺栓，见图 2-1-3。

图 2-1-2　拔开发电机线束固定卡夹

（3）取下发电机端子，按下发电机输出端子锁舌，向外拔出线束连接器，见图 2-1-4。

图 2-1-3　拧松发电机正极端子固定螺栓

图 2-1-4　拔出线束连接器

交流发电机的工作原理

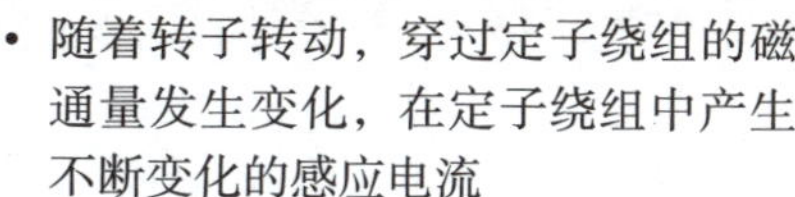

- 根据电磁感应原理，当转子绕组中通入直流电时，会产生磁场
- 随着转子转动，穿过定子绕组的磁通量发生变化，在定子绕组中产生不断变化的感应电流

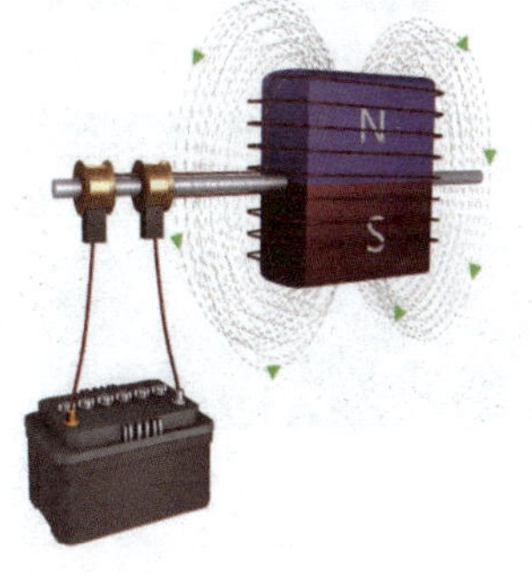

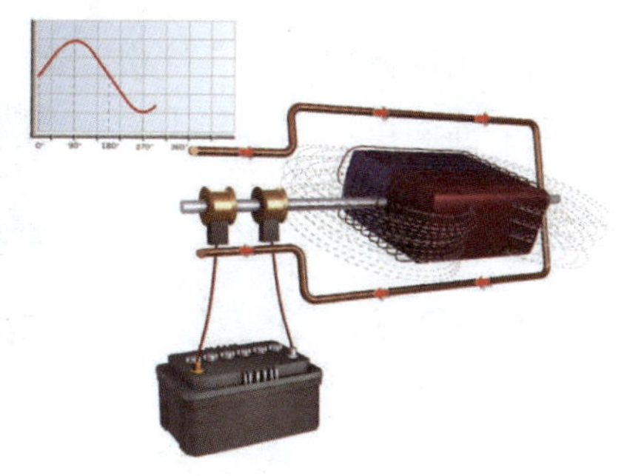

- 交流发电机在转子外部采用三相对称绕组，当转子旋转时，旋转的磁场和三相绕组之间产生相对运动，在三相绕组中分别产生交流电流

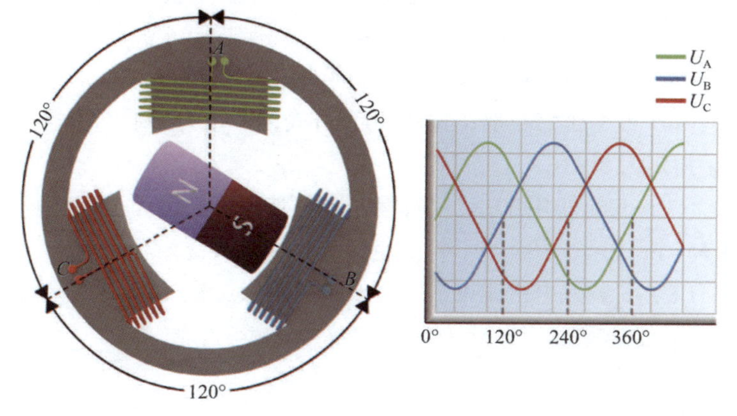

学习笔记

视频

2-1 交流发电机工作原理

视频

2-2 拆卸交流发电机

学习笔记

（4）根据维修手册，选用 12 mm 套筒、棘轮扳手，正确使用工具，拧松发电机上部固定螺栓，并用手取下，见图 2-1-5。

图 2-1-5　取下发电机上部固定螺栓

（5）正确使用工具，拧松发电机下部固定螺栓，并用手取下，见图 2-1-6。

（6）取出发电机。

图 2-1-6　取下发电机下部固定螺栓

步骤四：安装发电机

（1）对正发电机安装孔，安装发电机下部固定螺栓。

（2）安装发电机上部固定螺栓。

（3）用手旋入发电机固定螺栓后，选用棘轮扳手进行预紧。

（4）连接发电机输出端子连接器，确保连接可靠。

（5）安装发电机电缆端子，用手安装固定螺母。

（6）根据维修手册，选用 10 mm 套筒、扭力扳手，调整扭力扳手扭矩为 9.8 N · m。

（7）正确使用工具，紧固发电机端子固定螺母至规定扭矩 9.8 N · m。

（8）安装发电机线束至安装支架，确保安装可靠。

常见蓄电池类型

• 发电机输出电压为正弦交流电	U V W + VD1 VD3 VD5 VD2 VD4 VD6 − 示波器
• 交流发电机利用二极管的单向导电性，以硅二极管为整流器，将交流电变成直流电	U V W + VD1 VD3 VD5 VD2 VD4 VD6 − 全波整流 示波器
• 其中三个二极管正极端相连，另三个二极管负极端相连，形成三相全波整流电路	U V W + VD1 VD3 VD5 VD2 VD4 VD6 − 三相全波整流 示波器

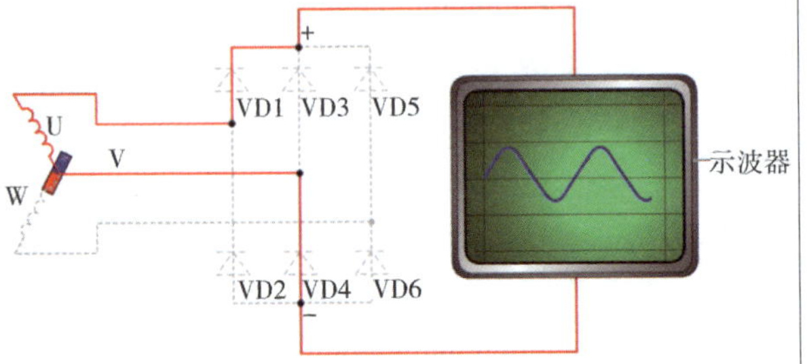

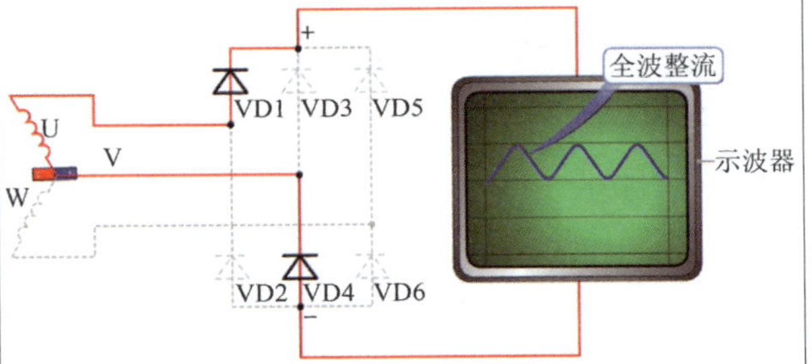

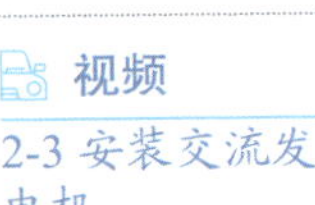

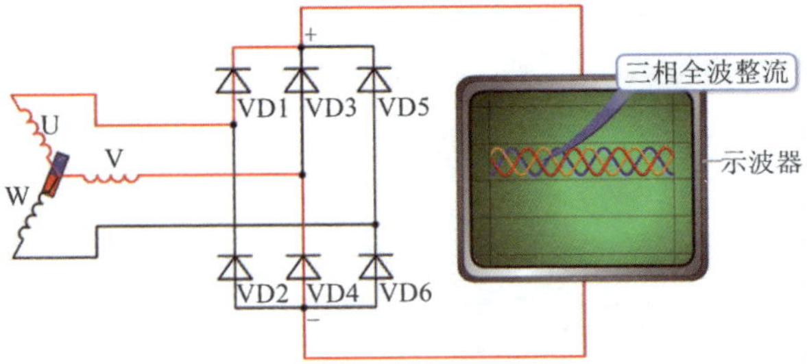

视频

2-3 安装交流发电机

解决问题就是创新。

步骤五：安装发电机外围设备

（1）将多楔带安装在楔形槽中。

（2）调整多楔带。

① 使用转动螺栓调整多楔带张紧力。

② 检查三角带的偏移和张紧度。

③ 紧固发电机固定螺栓。

（3）检查相关附件。

① 再次检查多楔带。

② 安装发动机后右侧底罩。

③ 安装散热器上空气导流板。

④ 将电缆连接到蓄电池负极端子。

步骤六：检查发电机

（1）连接万用表。

① 打开万用表至 DC 20 V，将万用表正极引线连接至蓄电池的正极端子，负极引线搭铁。

② 将电流钳钳口套在发电机 B 端子电缆上，见图 2-1-7。

图 2-1-7　连接万用表

（2）打开点火开关，起动车辆，使车辆处于正常运行状态。

（3）听发电机工作时，声音是否有异响，如有异响，更换发电机。

（4）检查充电警告灯电路。

（5）逐渐提高发动机转速，保持在 2 000 r/min，读取万用表数值，并与标准数值比较，不符合标准数值，应更换发电机。

（6）观察电流表指示数值，应符合标准。

常见蓄电池类型（续）

• 交流发电机通过整理电路，将电枢线圈产生的三相交流电转换成脉动的直流电

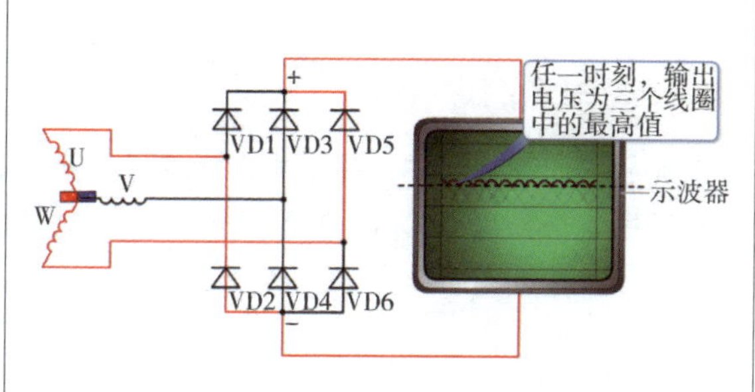

发电机输出电压标准

检测内容	检测条件	标准数据
发电机输出电压	发动机转速 2 000 r/min	13.2 ～ 14.8 V
发电机输出电流	发动机转速 2 000 r/min	小于 10 A

学习笔记

学习笔记

任务测评

一、知识测评

确定本任务关键词，按重要程度进行关键词排序并举例解读。

根据自己对重要信息捕捉、排序、表达、创新和划分权重能力进行自评，见表 2-1-2，满分 100 分。

表 2-1-2　拆装交流发电机知识测评表

序号	关键词	举例解读	评分自定
1			
2			
3			
4			
5			
总分			

二、能力测评

对表 2-1-3 所列作业内容，操作规范即得分，操作错误或未操作即零分。

表 2-1-3　拆装交流发电机能力测评表

序号	能力点	配分	得分
1	拆卸发电机外围设备	20	
2	拆卸发电机	20	
3	安装发电机	20	
4	安装发电机外围设备	20	
5	检查发电机	20	
总分		100	

三、素养测评

对表 2-1-4 所列素养点，做到即得分，未做到即零分。

表 2-1-4　拆装交流发电机素养测评表

序号	素养点	配分	得分
1	设备和工具安全检查	20	
2	车辆安全防护	20	
3	工具清洁、校准、存放	20	
4	工量辅具、零部件、油水液体“三不落地”	20	
5	工位“5S”	20	
总分		100	

四、拓展训练

（1）请列举出在拆装交流发电机过程中易出现的问题，分析产生问题的原因并制定解决问题的措施。

（2）由于车辆更新换代较快，请查看实训室现有车辆，试根据维修手册制定拆装流程并进行检测。

（3）请按照下列思维导图格式（见图 2-1-8），总结拆装汽车交流发电机的学习收获，并梳理汽车交流发电机发展的过程中的技术进化，结合拆装过程，谈谈你对“工匠精神”的理解。

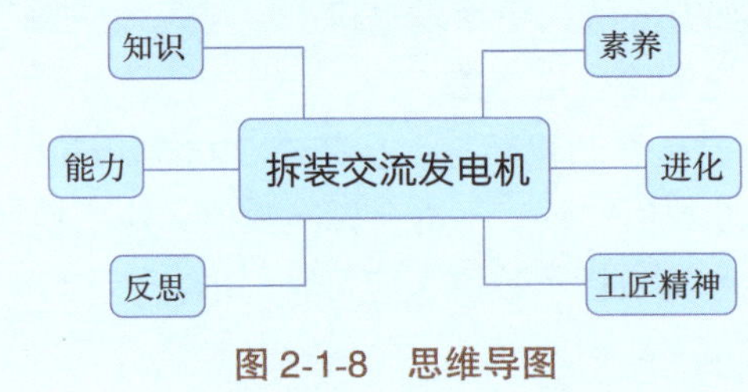

图 2-1-8　思维导图

解决问题就是创新。

任务二　拆检交流发电机

职业行动

步骤一：作业准备

1. 作业场地

选择带有消防设施的作业场地。

2. 设备设施

2007 款卡罗拉 1.6 L/AT 轿车、零件车、垃圾桶。

3. 工量辅具（见表 2-2-1）

表 2-2-1　拆检交流发电机工量辅具

套筒扳手组合套具	皮带轮专用拆装工具	万用表
台虎钳	专用拉拔器	游标卡尺

4. 耗材

清洁布、泡沫清洁剂、专用密封胶、防松胶、劳保手套。

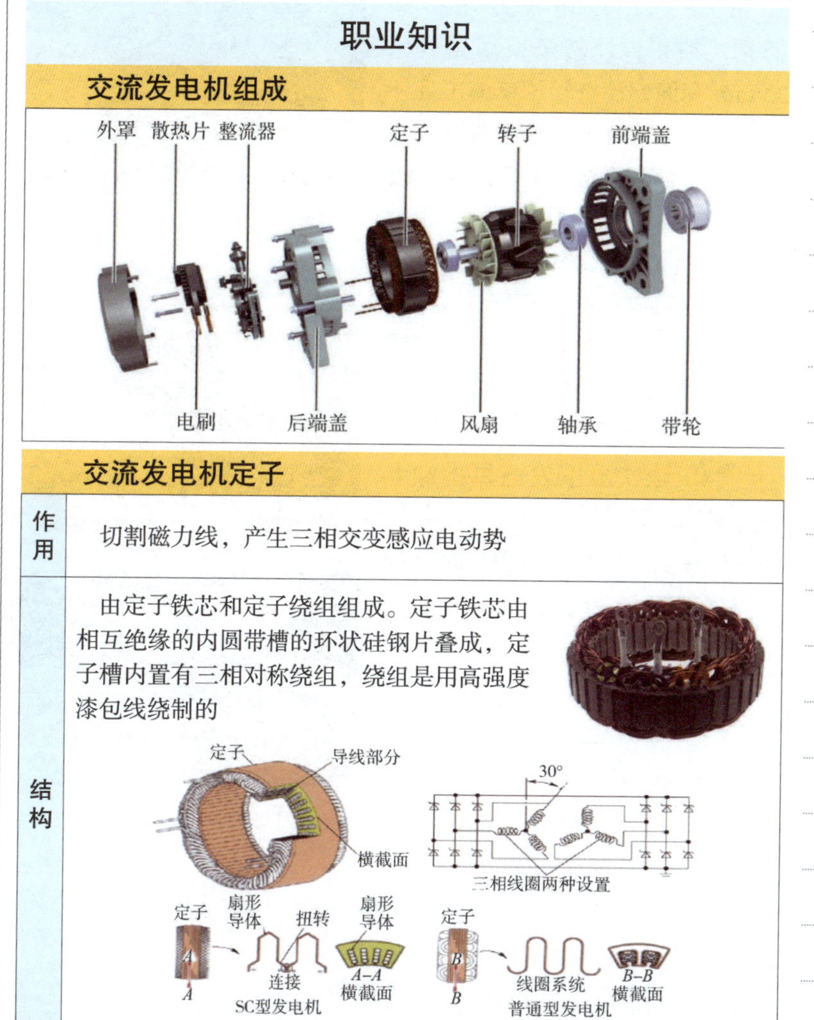

职业知识

交流发电机组成

交流发电机定子

作用	切割磁力线，产生三相交变感应电动势
结构	由定子铁芯和定子绕组组成。定子铁芯由相互绝缘的内圆带槽的环状硅钢片叠成，定子槽内置有三相对称绕组，绕组是用高强度漆包线绕制的

学习笔记

步骤二：分解发电机

1. 拆卸发电机皮带轮

（1）选用发电机专用拆卸工具，锁止件、转子束缚工具、22 mm 套筒，检查转子束缚工具外表，无变形或破损，见图 2-2-1。

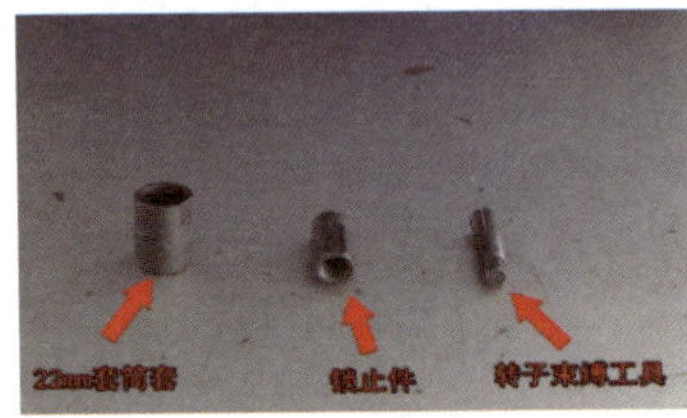

图 2-2-1　发电机专用拆装工具

（2）将转子束缚工具六角槽口端套入转子顶部六角花键，顺时针旋紧锁止件，将 22 mm 套筒套入皮带轮固定螺母，见图 2-2-2。

图 2-2-2　套筒套入固定螺母

（3）选用 12 mm 扳手固定转子束缚工具，活动扳手逆旋转套筒，松开固定螺母，见图 2-2-3。

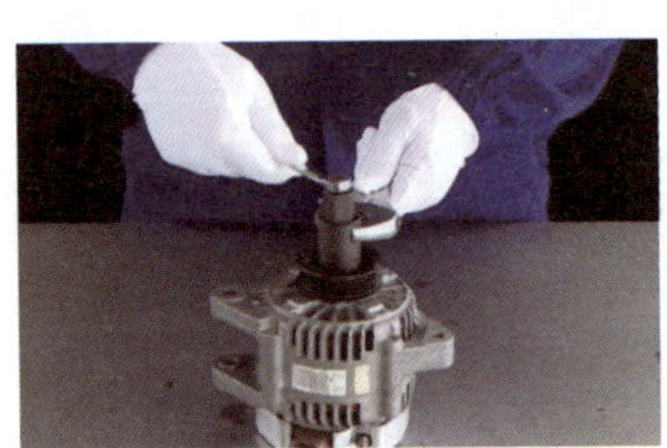

图 2-2-3　松开固定螺母

（4）依次取下发电机拆卸专用工具。

（5）用手取出皮带轮固定螺母与皮带轮。

视频

2-4 分解发电机

视频

2-5 检查发电机

交流发电机转子

<table>
<tr><td>作用</td><td>产生旋转的磁场。</td></tr>
<tr><td>结构</td><td>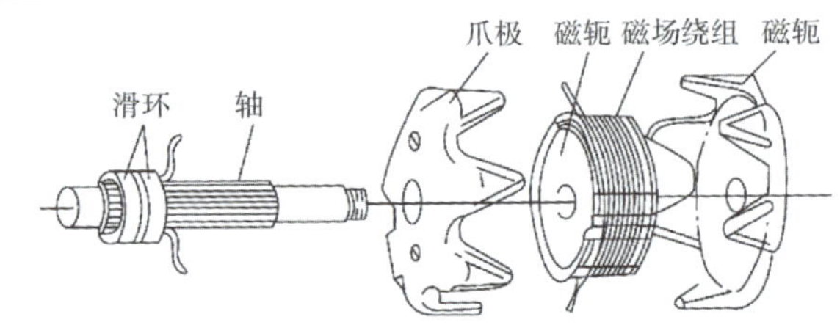

• 两块爪极安装在转子轴上，爪极间的空腔内装有磁轭（转子铁芯）和磁场绕组（励磁线圈）。

• 励磁线圈绕在铁芯上，铁芯压装在两块爪极之间的转子轴上。

• 滑环由彼此绝缘的两个铜环组成，压装在转子轴的一端并与转子轴绝缘。

• 励磁线圈的两端分别从内侧爪极上的两个小孔中引出，其中一端焊接在滑环的内侧铜环上，另一端则穿过内侧铜环上的小孔并焊接在外侧铜环上，两个铜环分别与发电机的两个电刷接触。

• 当两个电刷与直流电源接通时，励磁线圈中便有电流流过，并产生轴向磁通，使一块爪极磁化为 N 极，另一块爪极磁化为 S 极，从而形成六对相互交错的磁极

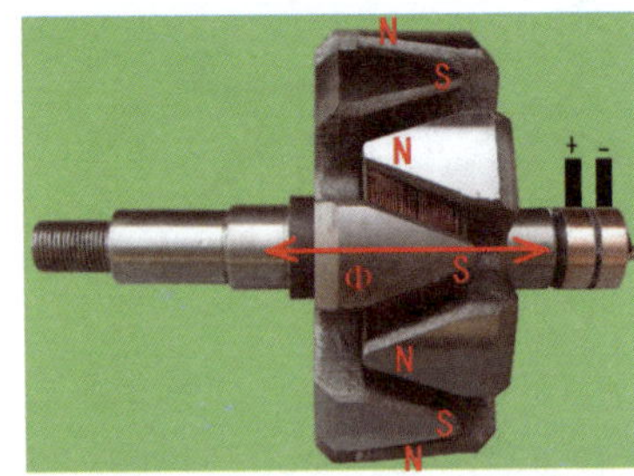
</td></tr>
</table>

不同凡响就是努力做到比标准好上一点点。

学习笔记

2. 拆卸发电机端盖

（1）将发电机安装到台虎钳上，选用 8 mm 套筒和棘轮扳手，依次旋松发电机端盖 3 颗固定螺母，并取下，见图 2-2-4。

（2）取下发电机端盖并整齐排放到零件台上。

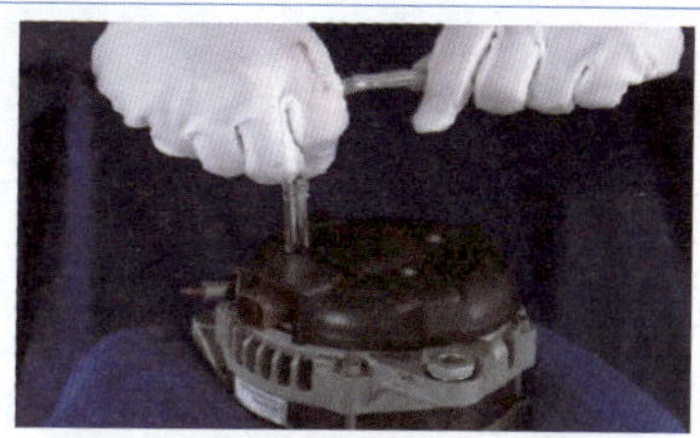

图 2-2-4　旋松发电机端盖固定螺母

3. 拆卸电刷架总成

（1）选用十字螺丝刀旋松电刷架上的两颗固定螺栓并取下，见图 2-2-5。

（2）取下电刷架总成。

图 2-2-5　旋松固定螺栓

4. 拆卸发电机线圈总成

（1）选用 8 mm 套筒和棘轮扳手依次旋松 4 根发电机线圈壳体固定螺栓并取下，见图 2-2-6。

（2）选用发电机线圈专用拉具。将中心螺栓对准转子中心轴，调节滑动臂，使卡爪紧扣发电机线圈总成外沿。

图 2-2-6　旋松壳体固定螺栓

（3）选用 19 mm 套筒和棘轮扳手，顺时针旋转中心螺栓，见图 2-2-7。当线圈与驱动端端盖完全脱开后，取下线圈总成。

图 2-2-7　拆卸线圈

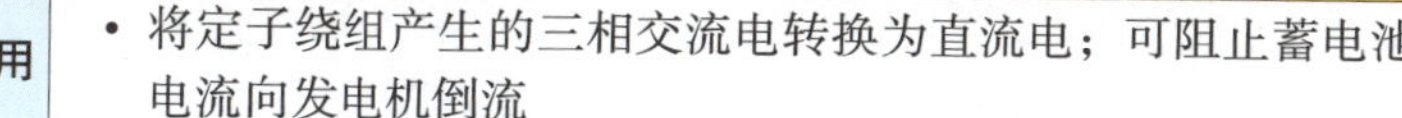

交流发电机整流器

作用	• 将定子绕组产生的三相交流电转换为直流电；可阻止蓄电池电流向发电机倒流
结构	• 正极二极管的中心引线为正极，外壳为负极，管壳底部一般有红字标记。 • 3 只正极二极管的外壳压装或者焊接在铝合金散热板的 3 个孔中，共同组成发电机的正极。由固定散热板的螺栓通至外壳外，作为交流发电机的输出“B”接线柱。 • 负极二极管的中心引线为负极，外壳为正极，管壳底部一般有黑字标记。 • 3 只负极二极管的外壳压装或焊接在另一散热板上，和发电机的外壳共同组成发电机的负极  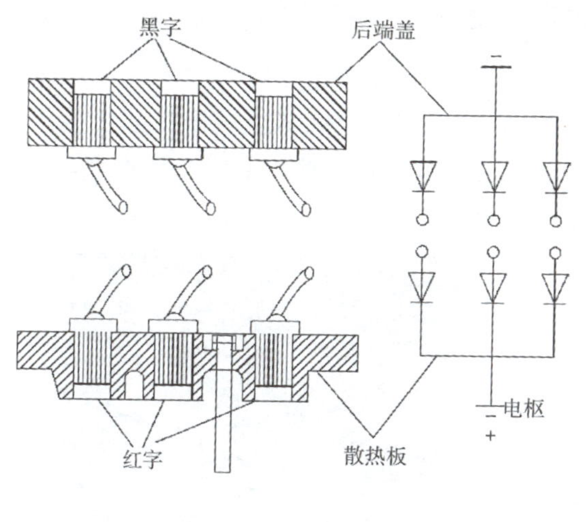

学习笔记

5. 拆卸发动机转子总成

（1）取下发电机垫圈。

（2）取下发电机转子总成，见图 2-2-8。

6. 拆卸轴承挡片

（1）松开台虎钳，取下发电机驱动端端盖。

（2）选用十字螺丝刀，依次旋松4颗挡片固定螺栓，见图2-2-9。

（3）取下固定螺栓。

（4）取出轴承挡片。

图 2-2-8　取下发电机转子总成

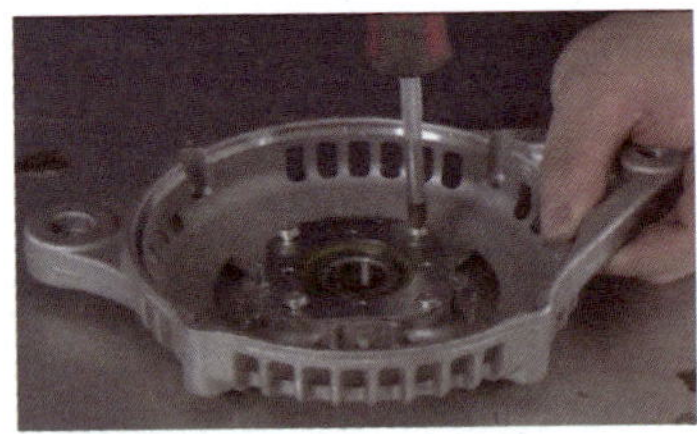

图 2-2-9　拆卸挡片固定螺栓

步骤三：检查发电机

1. 检查发电机离合器皮带轮

（1）检查离合器皮带轮外观无破损。

（2）固定皮带轮外圈，使用专用工具转动皮带轮外圈，皮带轮内圈顺时针打滑，逆时针打滑，见图 2-2-10。

图 2-2-10　检查发电机离合器皮带轮

交流发电机端盖

作用	• 支承转子总成并封闭内部构造
构造	• 交流发电机的前、后端盖均用铝合金铸造而成，其上制有通风口，用以通风散热。前、后端盖上均装有滚珠轴承，用以支承转子总成 前端盖   后端盖

交流发电机电刷

作用	• 借助电刷弹簧的压力与滑环保持接触，用于给发电机转子绕组提供磁场电流
位置	• 两只电刷装在电刷架的孔内。 • 电刷架安装在发电机的后端盖上

交流发电机电刷分类

按结构	外装式		内装式	
按搭铁方式	• 内搭铁式交流发电机，磁场绕组直接在发电机内部搭铁，两只电刷的引线中一根与后盖上的磁场接线柱“F”(或“磁场”)相连接，另一根则直接与发电机外壳上的接线柱“–”（搭铁）连接		• 外搭铁式交流发电机，磁场绕组是通过所配的调节器搭铁，因此两只电刷接线柱均与发电机外壳绝缘，分别用“F+”和“F–”表示（有的用“DF+”“DF–”表示）	

不同凡响就是努力做到比标准好上一点点。

2. 检查电刷总成

（1）目测电刷架表面无破损。

（2）推入两个电刷，检查回位无卡塞。

（3）使用游标卡尺测量电刷架内壁到电刷顶部的长度，读取测量值，见图 2-2-11，如果外漏长度小于最小值，更换电刷架总成。

3. 检查发电机转子总成

（1）检查发电机转子绕组电路，使用万用表测量转子绕组之间的阻值，测量滑环和滑环之间电阻，见图 2-2-12。

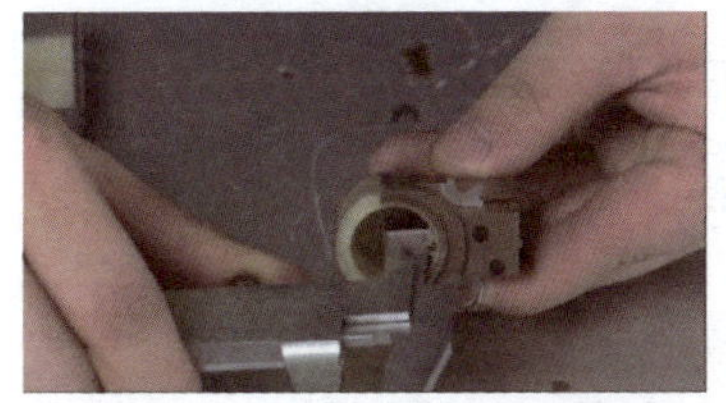

图 2-2-11　检查电刷的外露长度

图 2-2-12　检查转子绕组之间电阻

（2）检查发电机转子搭铁电路，使用万用表测量其中一个滑环与转子之间的电阻，见图 2-2-13。

（3）检查发电机转子外观，检查并确认转子滑环有无脏污，如有，应及时清洁。观察发电机转子轴承没有变粗糙或磨损。如有必要，更换发电机转子总成。检查滑环表面有无沟槽，如有，应打磨掉沟槽。

（4）用游标卡尺测量滑环直径，见图 2-2-14。

图 2-2-13　检查滑环与转子之间电阻

图 2-2-14　测量滑环直径

交流发电机带轮

项目	说明
位置	• 安装在交流发电机的前端
作用	• 由发动机通过皮带传动，使带轮旋转，驱动发电机转动

交流发电机风扇

项目	说明
位置	• 安装在带轮的后面
作用	• 当发动机带动发电机高速旋转时，风扇利用前后端盖上的出风口和进风口。可使空气流经发电机内部，对发电机进行冷却

发电机检查标准数据

项目	标准数据
检查电刷的外露长度	标准：9.5 ～ 11.5 mm
	最小：4.5 mm
滑环—滑环之间电阻	2.3 ～ 2.7 Ω
滑环—转子之间电阻	1 MΩ 或更大
滑环直径	标准：14.2 ～ 14.4 mm
	最小：14.0 mm

组装发电机技术标准

项目	标准
驱动端挡片紧固固定螺栓扭矩	2.3 N · m
发电机线圈总成固定螺栓扭矩	5.8 N · m
电刷架固定螺栓扭矩	1.8 N · m
发电机后端盖固定螺母扭矩	4.6 N · m
发电机皮带轮固定螺母扭矩	84 N · m

学习笔记

学习笔记

4. 检查发电机驱动端端盖轴承

（1）检查发电机驱动端端盖表面无破损。

（2）用手旋转轴承内圈，确认轴承旋转无异响，见图 2-2-15。

图 2-2-15　检查发电机驱动端端盖轴承

步骤四：组装发电机

1. 安装驱动端端盖挡片

（1）将挡片嵌入驱动端端盖。

（2）安装 4 颗固定螺栓。

2. 安装发电机转子总成

（1）将发电机驱动端端盖固定到台虎钳上。

（2）安装发电机转子。

（3）检查发电机垫圈。

（4）将垫圈安装到发电机转子上。

3. 安装发电机线圈总成

（1）检查发电机线圈外表无变形或破损。

（2）将发电机线圈安装到发电机转子总成上。

（3）安装 4 根固定螺栓。

4. 安装发电机电刷架总成

（1）将电刷锁止销插入装配孔内，将电刷架安装到发电机转子上。

（2）安装电刷架两颗固定螺栓。

5. 安装发电机后端盖

6. 用专用工具安装发电机皮带轮

交流发电机带轮

故障	故障现象	可能故障原因	维修方法
不充电	• 发电机以中速以上速度运转时，充电指示灯不熄灭	• 线路的接线断开或短路。 • 充电指示灯的接线错误。 • 发电机故障	• 检查发电机皮带状况。 • 检查充电线路接线是否正确，各导线和接头有无断裂或松脱。 • 检查发电机
充电电流过小	• 蓄电池在亏电情况下，发动机中高速运转时，充电电流很小	• 充电线路接触不良。 • 发电机故障	• 检查发电机皮带松紧度和油污情况。 • 检查发电机
充电电流过大	• 蓄电池在充足电的情况下，充电电流仍在 10 A 以上	• 调节器损坏。 • 发电机电刷与元件板短路，造成调节器不起作用	• 将调节器励磁接线柱上的线取下，提高发动机转速，观察是否仍有充电电流。若有，说明发电机内部电刷与元件板短路，应更换发电机。若没有，说明调节器故障
充电电流不稳	• 发电机转速在高于怠速时，时而充电，时而不充电，充电指示灯时而亮时而不亮	• 发电机传动带过松打滑。 • 充电系统线路连接不良。 • 发电机转子或定子绕组局部短路或断路；集电环脏污或电刷与集电环之间接触不良	• 检查和调整发电机传动带，排除传动带打滑和导线接触不良等因素。 • 检查集电环和电刷的接触是否良好；检查整流器，清洗油污表面

不同凡响就是努力做到比标准好上一点点。

任务测评

一、知识测评

确定本任务关键词，按重要程度进行关键词排序并举例解读。

根据自己对重要信息捕捉、排序、表达、创新和划分权重能力进行自评，见表 2-2-2，满分 100 分。

表 2-2-2　拆检交流发电机知识测评表

序号	关键词	举例解读	评分自定
1			
2			
3			
4			
5			
总分			

二、能力测评

对表 2-2-3 所列作业内容，操作规范即得分，操作错误或未操作即零分。

表 2-2-3　拆检交流发电机能力测评表

序号	能力点	配分	得分
1	拆解发电机	30	
2	检查发电机	40	
3	组装发电机	30	
总分		100	

三、素养测评

对表 2-2-4 所列素养点，做到即得分，未做到即零分。

表 2-2-4　拆检交流发电机素养测评表

序号	素养点	配分	得分
1	设备和工具安全检查	20	
2	车辆安全防护	20	
3	工具清洁、校准、存放	20	
4	工量辅具、零部件、油水液体“三不落地”	20	
5	工位“5S”	20	
总分		100	

四、拓展训练

（1）请列举出在拆检交流发电机的过程中易出现的问题，分析产生问题的原因并制定解决问题的措施。

（2）由于车辆更新迭代较快，请查看实训室现有车辆，试根据维修手册制定发电机拆检流程并进行检测。

（3）请按照下列思维导图格式（见图 2-2-16），总结拆检汽车交流发电机的学习收获，以汽车交流发电机的一个关键零部件为例，思考还有哪些技术提升空间，并结合拆装过程，谈谈你对“精益求精”的体会。

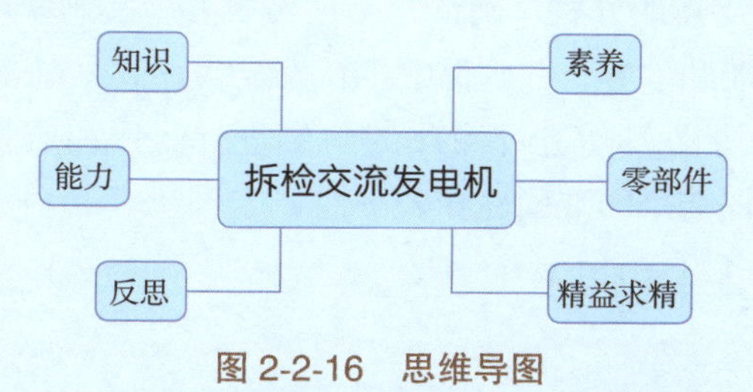

图 2-2-16　思维导图

学习笔记

学习考评

一、考评项目

根据所学，请对 2007 款卡罗拉 1.6 L/AT 轿车交流发电机进行检修，完成考评报告。

二、实施准备

1. 学生准备

学生在按照教学进度计划，已经完成了以下学习任务并达到了 75 分以上，可进行该学习考评的实施。

（1）理解并完成学习考评需要的职业知识和方法的学习，得分大于 75 分。

（2）运用学习考评需要的职业知识和方法进行作业，得分大于 75 分。

（3）按时、按质、按量完成相应作业，得分大于 80 分。

（4）具有自觉遵守技术标准和要求规定、规范操作、安全、环保、“5S”作业、团结协作的好习惯，得分大于 80 分。

（5）能制定 2007 款卡罗拉 1.6 L/AT 轿车发电机检修方案。

2. 教师准备

（1）在安排学生实施学习考评前，通过课堂问题研讨、作业、实训和考核及其他方式，确认学生已经具备了实施学习考评所需的知识、技能和素养，并确保学生在安全状态下独立进行。

（2）对协助教师进行测评的学生进行测评和监督方法的培训，确保测评结果的准确性和公平性。

（3）准备好测评记录。

三、验证方法与标准

（1）每位测评人员负责对两名学生进行定点、全过程的监控和测评。

（2）详细记录学生在实施学习考评过程中的相关信息、数据、结果、操作方法、完成时间，以及出现错误、事故等情况。

（3）学习考评的作业过程和数据记录等，要求在 90 min 内完成，时间不足，可在即将结束时，口述剩余部分的作业方法。

（4）考核内容及评分标准见下表。

考核内容及评分标准

序号	评分项	得分条件	评分标准	配分	扣分
1	安全 / 5S/ 态度	□ 1. 能进行工位 5S 操作 □ 2. 能进行设备和工具安全检查 □ 3. 能进行车辆安全防护操作 □ 4. 能进行工具清洁校准存放操作 □ 5. 能进行三不落地操作	未完成 1 项扣 3 分，扣分不得超 15 分	15	
2	专业技能能力	□ 1. 能正确拆卸发电机外围设备 □ 2. 能正确拆卸发电机 □ 3. 能正确安装发电机 □ 4. 能正确安装发电机外围设备 □ 5. 能正确检查发电机 □ 6. 能正确安装驱动端端盖挡片 □ 7. 能正确拆卸发电机皮带轮 □ 8. 能正确拆卸发电机端盖 □ 9. 能正确拆卸电刷架总成 □ 10. 能正确拆卸发电机线圈总成 □ 11. 能正确拆卸发动机转子总成	未完成 1 项扣 5 分，扣分不得超 50 分	50	

学习笔记

续表

序号	评分项	得分条件	评分标准	配分	扣分
2	专业技能能力	□ 12. 能正确拆卸轴承挡片 □ 13. 能正确检查发电机离合器皮带轮 □ 14. 能正确检查电刷总成 □ 15. 能正确检查发电机转子总成 □ 16. 能正确检查发电机驱动端端盖轴承 □ 17. 能正确安装驱动端端盖挡片 □ 18. 能正确安装发电机电刷架总成 □ 19. 能正确安装发电机后端盖 □ 20. 能正确用专用工具安装发电机皮带轮 □ 21. 能正确安装发电机转子总成 □ 22. 能正确安装发电机线圈总成	未完成 1 项扣 5 分，扣分不得超 50 分	50	
3	工具及设备的使用能力	□ 1. 能正确选用维修工具 □ 2. 能正确使用维修工具拆装 □ 3. 能正确使用测量工具 □ 4. 能正确使用专用工具 □ 5. 能熟练使用办公软件	未完成 1 项扣 5 分，扣分不得超 10 分	10	
4	资料、信息查询能力	□ 1. 能正确使用维修手册查询资料 □ 2. 能正确使用用户手册查询资料 □ 3. 能在规定时间内查询所需资料 □ 4. 能正确记录查询资料章节页码 □ 5. 能正确记录所需维修信息	未完成 1 项扣 2 分，扣分不得超 10 分	10	

续表

序号	评分项	得分条件	评分标准	配分	扣分
5	数据判读和分析能力	□ 1. 能判断发电机是否异响 □ 2. 能判断发电机是否工作正常 □ 3. 能判断发电机电刷架是否需要更换 □ 4. 能判断发电机转子总成是否需要更换 □ 5. 能判断发电机总成是否需要更换	未完成 1 项扣 5 分，扣分不得超 10 分	10	
6	表单填写与报告的撰写能力	□ 1. 字迹清晰 □ 2. 语句通顺 □ 3. 无错别字 □ 4. 无涂改 □ 5. 无抄袭	未完成 1 项扣 1 分，扣分不得超 5 分	5	
合计				100	

四、考评报告

说明：考评分为理论考评和实操考评，理论考评根据项目要求以及考评模板格式制定项目实施方案，方案经教师审核合格后，方可进行实操考评。考评报告模板详见附录 A。

学习笔记

拓展阅读——发动机电控发展史

发动机在百年的发展历史中，无论是在材料、加工制造、工艺方面还是在性能、控制方面都有很大的提高，不断地将最新的电子科技与发动机融为一体，把发动机改进成一个复杂但稳定的机电一体化产品，汽车厂商也将发动机的性能作为汽车竞争的亮点。

电与发动机结缘最早可以追溯到德国博世公司 1897 年制造的第一个低压电磁点火系统的火花塞，1902 年研制成第一个具有高压电磁点火系统的火花塞。

1967 年，德国博世公司首次推出电子计算机控制的汽油喷射系统，开创了电控技术在汽车发动机上应用的历史。经过 30 年的发展，以电子计算机为核心的发动机管理系统 (EMS) 逐渐成为汽车、特别是轿车发动机上的标准配置。由于电控技术的应用，发动机的污染物排放、噪声和燃油消耗大幅度地降低，改善了动力性能，成为内燃机发展史上的重大突破。

1979 年，德国博世公司开始生产集电子点火和电控汽油喷射于一体的数字式发动机综合控制系统，它能对空燃比、点火时刻、怠速转速和废气再循环等方面进行综合控制。

汽车发动机电子控制在 1970 年以后进入发展快车道，1982 ～ 1990 年，微型计算机在汽车上应用日趋成熟并向智能化发展阶段，1990 年以后，是汽车电子控制技术向智能化发展的高级阶段。

思考

汽车发动机电控系统发展史是一部浓缩的人类科技进步史，我国的发动机技术经过漫长的积累，也有了长足的进步，查阅资料，完成下列内容。

（1）列举不低于 5 项 21 世纪汽车发动机智能化技术。

（2）写一篇 1 000 字的红旗轿车发动机技术进步史。

学习笔记

学习笔记

项目三　检测与拆装起动机

一、项目描述

完成 2007 款卡罗拉 1.6 L/AT 轿车起动机的检测与拆装作业。

二、项目要求

符合 2007 款卡罗拉 1.6 L/AT 轿车维修手册要求与标准，正确使用工具，完成如下职业行动：

（1）拆卸起动机。

（2）拆检起动机。

三、学习目标

（1）准确描述起动机的位置、结构、工作原理。

（2）准确描述起动机的拆装方法。

（3）准确描述起动机的拆检方法。

（4）规范地对起动机进行拆装作业。

（5）规范地对起动机进行拆检作业。

（6）养成自觉遵守技术标准和要求规定、规范操作、安全、环保、“5S”作业的好习惯。

（7）培养坚韧拼搏的人生态度。

（8）体会并提取升降车窗创新的要素。

四、学习载体

2007 款卡罗拉 1.6 L/AT 轿车起动机如下图。

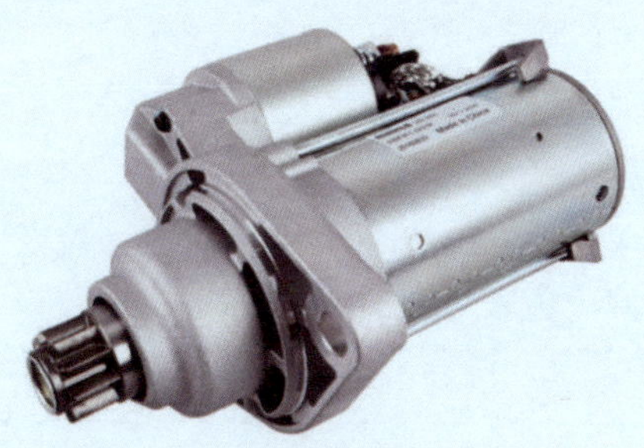

汽车起动机

发动机由静止状态过渡到工作状态，必须用外力转动发动机的曲轴，使气缸内吸入（或形成）可燃混合气并燃烧膨胀，工作循环才能自动进行。曲轴在外力作用下开始转动到发动机开始自动地怠速运转的全过程，称为发动机的起动。

发动机起动的方法很多，常用的电动机作为机械动力，当将电动机轴上的齿轮与发动机飞轮周缘的齿圈啮合时，动力就传到飞轮和曲轴，使之旋转。目前绝大多数汽车发动机都采用电动机起动。

学习笔记

任务一　拆装起动机

职业行动

步骤一：作业准备

1. 作业场地

选择带有消防设施的作业场地。

2. 设备设施

2007 款卡罗拉 1.6 L/AT 轿车、零件车、垃圾桶。

3. 工量辅具（见表 3-1-1）

表 3-1-1　拆装起动机工量辅具

套筒扳手组合套具	翼子板三件套
扭力扳手	举升机

4. 耗材

清洁布、泡沫清洁剂、专用密封胶、防松胶、劳保手套。

职业知识

起动系统组成

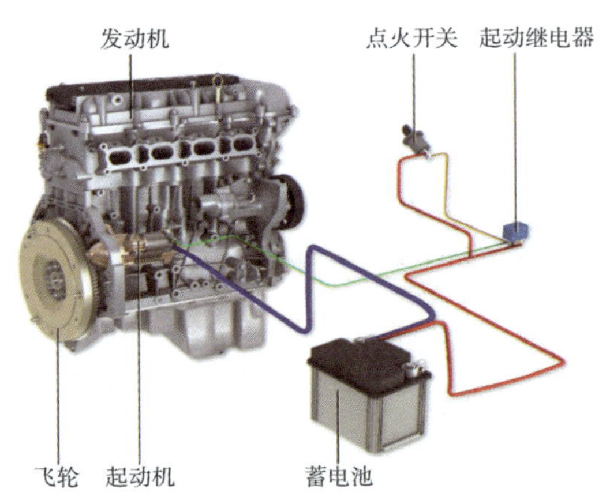

起动系统各部分功能

名称	作用
蓄电池	为起动机提供电能
起动机	将蓄电池的电能转换成机械能带动曲轴旋转
起动继电器	用小电流控制大电流，保护点火开关，减少起动机电磁开关线路压降，提高电路的安全性和可靠性
点火开关	为车辆提供起动信号。LOCK 为锁止挡，对方向盘锁止；ACC 挡为车辆的部分电器设备通电；ON 挡为全车通电；START 为起动挡

故天将降大任于斯人也，必先苦其心志，劳其筋骨，饿其体肤，空乏其身，行拂乱其所为，所以动心忍性，增益其所不能。

步骤二：拆卸散热器上空气导流板

（1）按下散热器上空气导流板固定锁扣的锁芯取下 4 个锁扣，见图 3-1-1。

（2）拆下散热器上空气导流板。

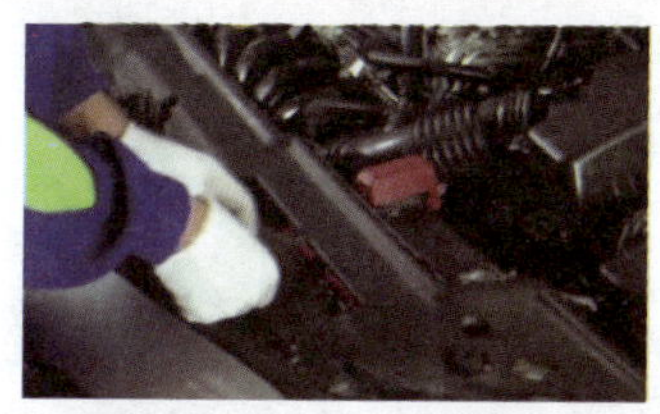

图 3-1-1　拆空气导流板固定锁扣

步骤三：拆卸起动机

（1）根据举升机操作规范，举升车辆到操作的合适位置，见图 3-1-2。

（2）按下磁力起动机开关连接器锁口断开线束连接器，见图 3-1-3。

图 3-1-2　举升车辆

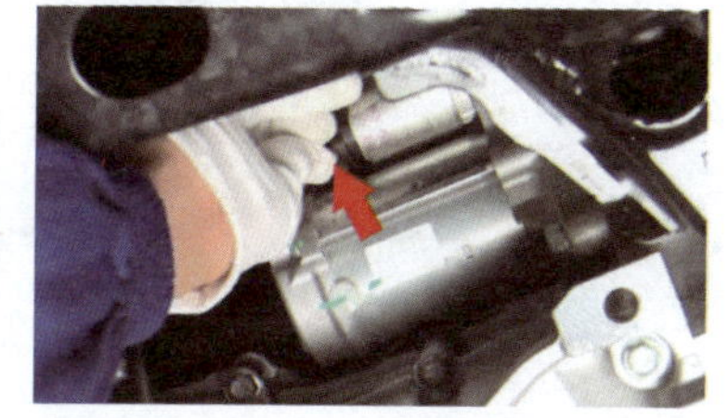

图 3-1-3　断开磁力开关线束连接器

（3）拆下端子盖，见图 3-1-4。

（4）根据维修手册规定，选用 12 mm 套筒、棘轮扳手。正确使用工具拧松起动机端子 30 固定螺母，旋出并取下，见图 3-1-5。

（5）移除起动机端子 30 上的主供电电缆，见图 3-1-6。

（6）根据举升机操作规范，降下车辆到操作的合适位置。

起动机功用

将蓄电池电能转化为机械能驱动飞轮运转，带动曲柄连杆机构运动，使发动机从静止进入工作状态

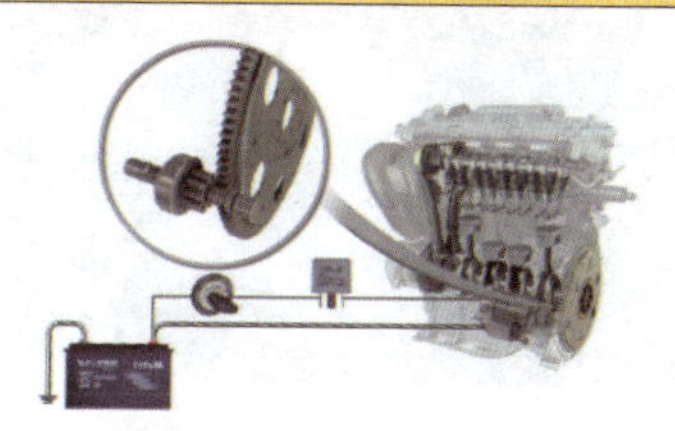

起动系统电路原理

当点火开关处于 ST 位置时	起动机电磁开关中的吸引线圈和保持线圈同时通电，两个线圈产生的磁场力吸引铁芯移动，带动拨叉使小齿轮移出与飞轮齿圈啮合。 当铁芯移动到使接触片闭合位置时，吸引线圈被短路，失去作用；保持线圈所产生的磁力继续保持铁芯位置
当点火开关回到 ON 位置时	电路被断开，在回位弹簧作用下，铁芯复位，小齿轮移出且停止转动，起动机停止工作

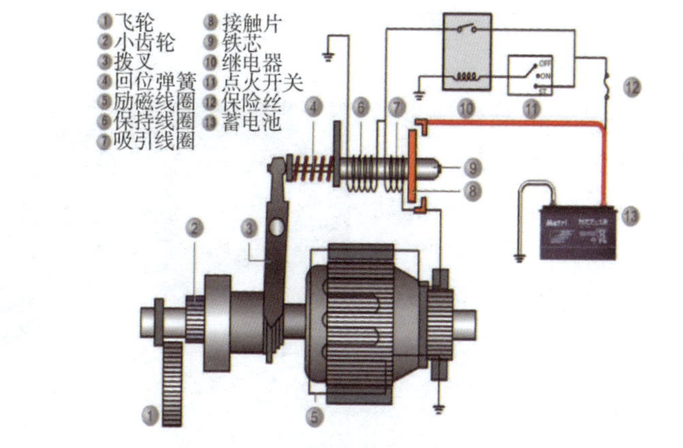

学习笔记

视频

3-1 起动机基本工作原理

视频

3-2 拆装起动机

学习笔记

图 3-1-4　拆下端子盖

图 3-1-5　拧松起动机端子 30 固定螺母

（7）根据维修手册规定选用 14 mm 套筒、棘轮扳手。正确使用工具，拧松起动机上部固定螺栓，见图 3-1-7。

图 3-1-6　移除起动机端子 30 主供电电缆

图 3-1-7　拧松起动机上部固定螺栓

（8）根据举升机操作规范，举升车辆到操作的合适位置。

（9）正确使用工具拧松起动机下部固定螺栓，见图 3-1-8，朝发动机前方取下起动机总成。

图 3-1-8　拧松起动机下部固定螺栓

起动机的类型

类型	结构	控制原理
普通型起动机	拨叉　电磁开关 驱动齿轮　电枢	• 小齿轮与电枢在同一轴上并以相同转速旋转。 • 由电磁开关插入件上的传动杆控制小齿轮与飞轮齿圈啮合或脱开
减速型起动机	驱动齿轮　电磁开关 减速齿轮　电枢	• 减速型起动机使用一台紧凑的高速直流电动机。 • 通过减速齿轮降低电枢的转速以增加小齿轮的旋转力矩。 • 电磁开关的活动铁芯直接推动同一轴上的小齿轮与齿圈啮合或脱开
星型齿轮减速起动机	起动机壳　单向离合器　电磁开关 驱动齿轮　拨叉　行星齿轮　电枢	• 星型齿轮减速起动机有一行星齿轮传动机构，用来降低电枢的转速。 • 小齿轮通过传动杆与飞轮齿圈啮合或脱开

步骤四：安装起动机

（1）用压缩空气清洁起动机安装部位。

（2）将新起动机插入飞轮座孔，并对准安装螺孔。

（3）旋入起动机下部固定螺栓，但不拧紧。

（4）根据举升机操作规范，降下车辆到操作的合适位置。

（5）安装起动机上部固定螺栓。

（6）根据维修手册规定，选用 14 mm 套筒、扭力扳手。正确使用工具以维修手册规定的扭矩紧固起动机上部固定螺栓。

（7）根据举升机操作规范，举升车辆到操作的合适位置。

（8）正确使用工具以维修手册规定的扭矩紧固起动机下部固定螺栓。

（9）将起动机主供电电缆安装到起动机端子 30 固定螺栓上旋入。

（10）根据维修手册规定选用 12 mm 套筒、扭力扳手。正确使用工具与维修手册规定的扭矩紧固起动机端子 30 固定螺母。

（11）安装起动机端子盖，确保安装到位。

（12）连接磁力起动机开关连接器，确保锁止可靠。

（13）根据举升机操作规范，降下车辆到操作的合适位置。

（14）安装散热器上的空气导流板并安装固定锁扣。

安装起动机技术标准

项目	标准
起动机上部固定螺栓	37 N • m
起动机下部固定螺栓	37 N • m
起动机端子 30 固定螺母	9.8 N • m

学习笔记

学习笔记

任务测评

一、知识测评

确定本任务关键词，按重要程度进行关键词排序并举例解读。

根据自己对重要信息捕捉、排序、表达、创新和划分权重能力进行自评，见表 3-1-2，满分 100 分。

表 3-1-2　拆装起动机知识测评表

序号	关键词	举例解读	评分自定
1			
2			
3			
4			
5			
总分			

二、能力测评

对表 3-1-3 所列作业内容，操作规范即得分，操作错误或未操作即零分。

表 3-1-3　拆装起动机能力测评表

序号	能力点	配分	得分
1	前期准备	10	
2	拆卸散热器上的导流板	20	
3	拆卸起动机	40	
4	安装起动机	30	
总分		100	

三、素养测评

对表 3-1-4 所列素养点，做到即得分，未做到即零分。

表 3-1-4　拆装起动机素养测评表

序号	素养点	配分	得分
1	设备和工具安全检查	20	
2	车辆安全防护	20	
3	工具清洁、校准、存放	20	
4	工量辅具、零部件、油水液体“三不落地”	20	
5	工位“5S”	20	
总分		100	

四、拓展训练

（1）请列举出在拆装起动机的过程中易出现的问题，分析产生问题的原因并制定解决问题的措施。

（2）由于车辆更新换代较快，请查看实训室现有车辆，试根据维修手册制定拆装起动机流程并进行检测。

（3）请按照下列思维导图格式（见图 3-1-9），总结拆装起动机的学习收获，并梳理起动机发展的过程中有哪些进化，搜集 2 个起动机故障现象，并用鱼骨图分析故障原因，做成案例。

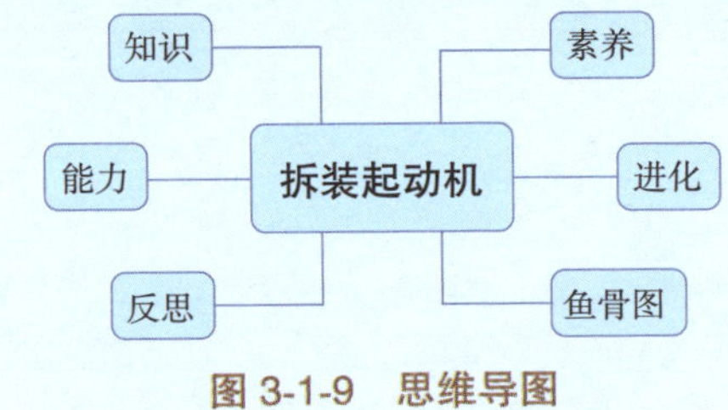

图 3-1-9　思维导图

故天将降大任于斯人也，必先苦其心志，劳其筋骨，饿其体肤，空乏其身，行拂乱其所为，所以动心忍性，增益其所不能。

学习笔记

任务二　拆检起动机

职业行动

步骤一：作业准备

1. 作业场地

选择带有消防设施的作业场地。

2. 设备设施

2007 款卡罗拉 1.6 L/AT 轿车、零件车、垃圾桶。

3. 工量辅具（见表 3-2-1）

表 3-2-1　拆检起动机工量辅具

套筒扳手组合套具	百分表
万用表	游标卡尺

4. 耗材

清洁布、劳保手套。

职业知识

起动机各部分功能

- 直流电动机：引入来自蓄电池的电流并且使起动机的驱动齿轮产生机械运动。
- 传动机构：在发动机起动时，将驱动齿轮啮合入飞轮齿圈，同时能够在发动机起动后自动脱开。
- 控制装置：用来接通和切断起动机与蓄电池之间的电路

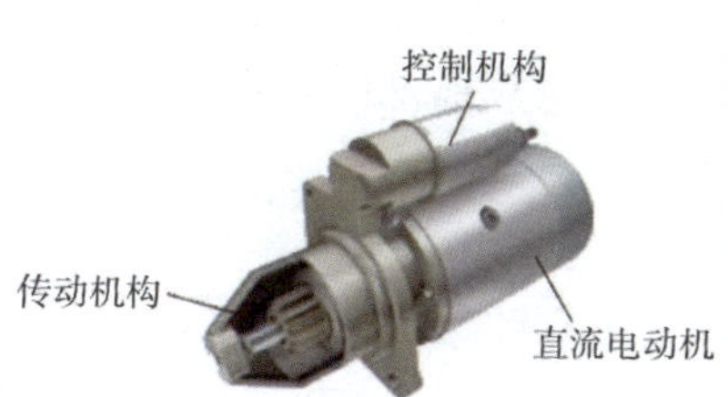

起动机结构

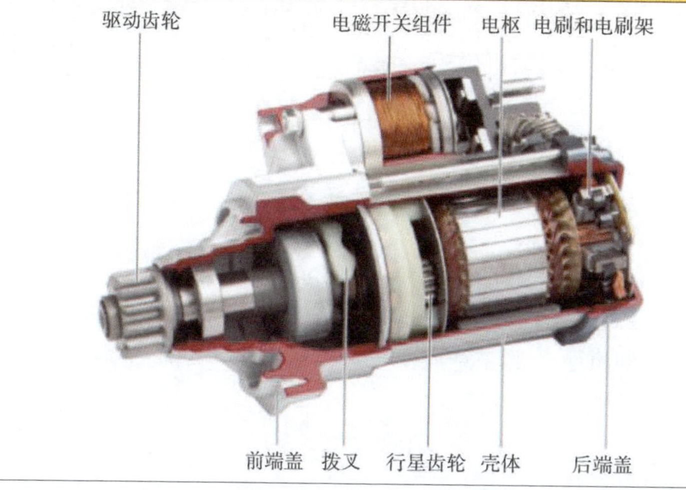

学习笔记

步骤二：拆解起动机

1. 拆卸磁力起动机开关总成

（1）拆下螺母，然后拆卸磁力起动机开关总成，断开引线。

（2）从起动机驱动端壳总成上拆下固定螺母。

（3）拉出磁力起动机开关总成，并在提起磁力起动机开关总成前部时，从驱动杆和磁力起动机开关总成上松开铁芯挂钩，见图 3-2-1。

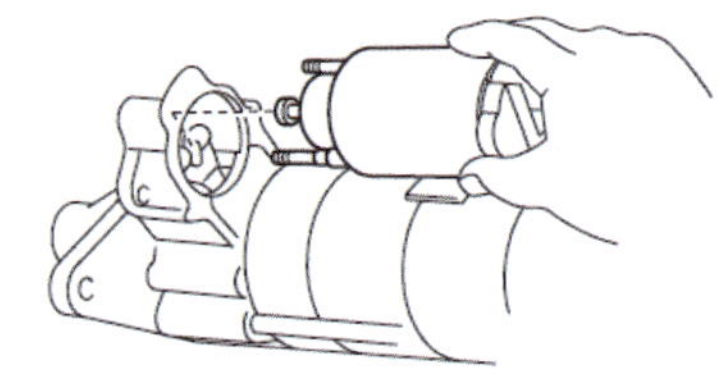

图 3-2-1　拉出磁力起动机开关总成

2. 拆卸起动机磁轭总成

（1）拆下起动机磁轭固定螺钉，将起动机磁轭和起动机换向器端架总成一起拉出，见图 3-2-2。

（2）从起动机换向器端架总成上拉出起动机磁轭总成。

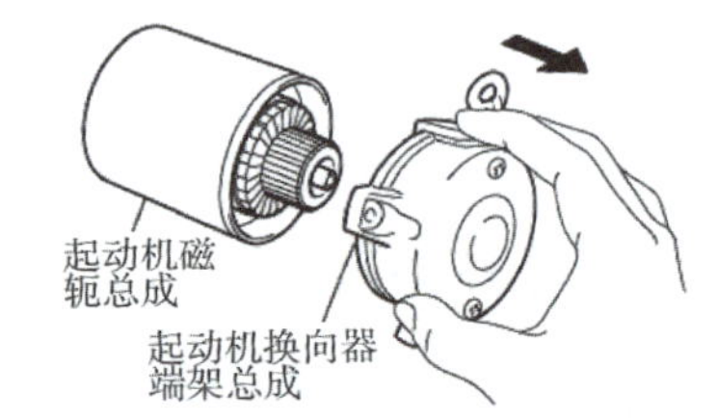

图 3-2-2　拆卸起动机换向器端架总成

3. 拆卸起动机电枢总成

从起动机磁轭总成上拆下起动机电枢总成，见图 3-2-3。

4. 拆卸起动机电枢板

从起动机驱动端壳总成或起动机磁轭总成上拆下电枢板。

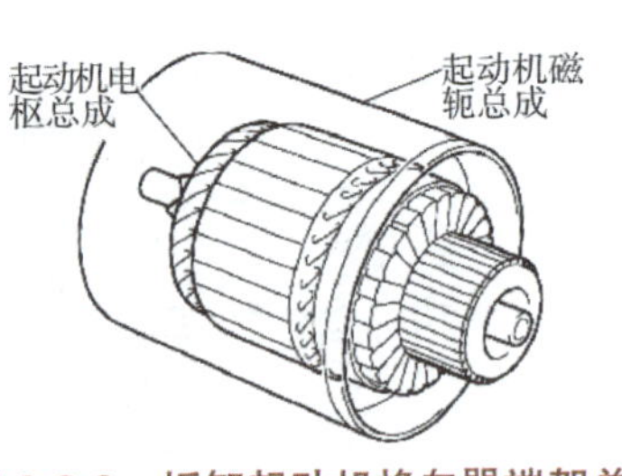

图 3-2-3　拆卸起动机换向器端架总成

起动机直流电动机	
作用	将蓄电池提供的直流电能转变为机械能，产生转矩起动发动机
结构	前端盖　磁场绕组　后端盖 电刷与电刷架　磁极铁芯　机壳　电枢

起动机直流电动机组成	
磁极	电枢（转子）
• 组成：由固定在机壳上的磁极铁芯和磁场绕组组成。 • 作用：产生电枢转动时所需要的电磁场	• 组成：由电枢轴、电枢铁芯、电枢绕组和换向器等组成。 • 作用：产生电磁转矩
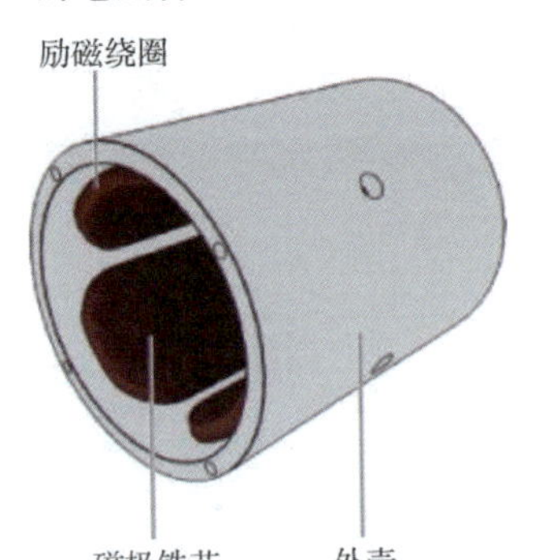	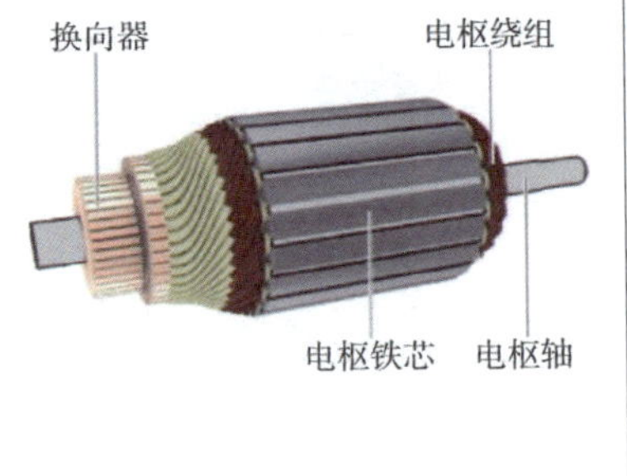

全力以赴也许会有伤痕，那是一生的荣耀。

5. 拆卸起动机电刷架总成

（1）从起动机换向端架总成上拆下固定螺钉。

（2）拆下卡夹卡爪，然后从起动机换向器端架总成上拆下电刷架总成，见图 3-2-4。

6. 拆卸行星齿轮

从起动机中间轴承离合器分总成上拆下 3 个行星齿轮，见图 3-2-5。

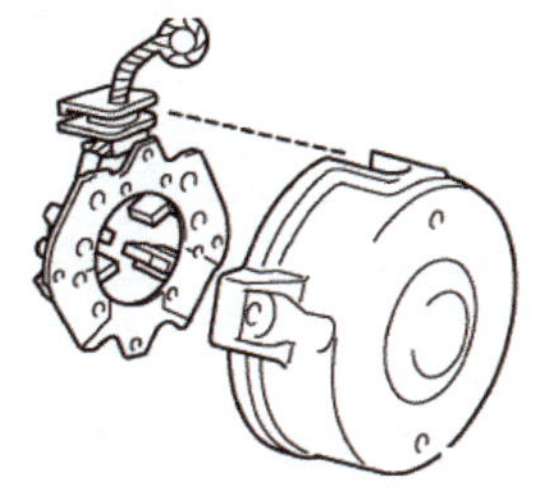

图 3-2-4　拆卸电刷架总成

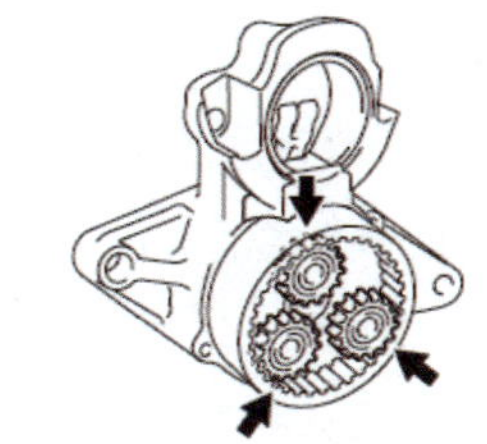

图 3-2-5　拆卸行星齿轮

7. 拆卸起动机单向离合器分总成

（1）从起动机驱动端壳总成上拆下带起动机小齿轮驱动杆的起动机单向离合器分总成。

（2）拆下起动机单向离合器分总成、橡胶密封件和起动机小齿轮驱动杆，见图 3-2-6。

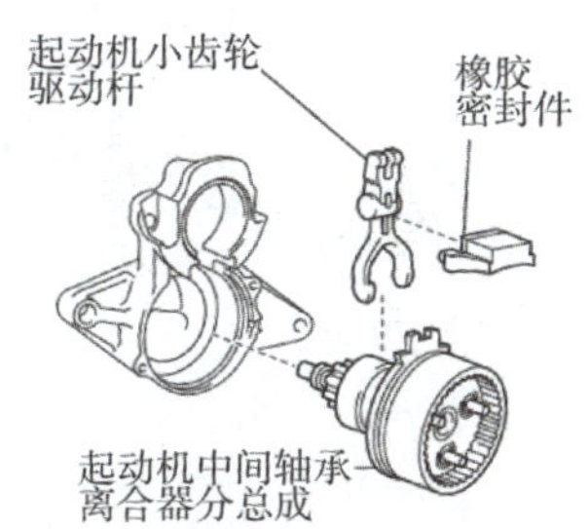

图 3-2-6　拆卸起动机单向离合器总成

起动机直流电动机组成（续）

电刷	端盖
• 组成：4 个电刷固定在电刷架上。其中 2 个电刷为绝缘电刷，与电刷架绝缘；另外 2 个电刷架为搭铁电刷，与电刷架直接搭铁。 • 作用：将电流从励磁绕组引入电枢绕组。电刷架上装有弹力较大的盘形弹簧，电刷借助电刷弹簧的压力将其压紧在换向器上	• 组成：前端盖一般用钢板压制而成，其上装有 4 个电刷架，而后端盖为灰铸铁浇制而成。两者分别装在机壳的两端，用两个长螺栓使前后两端盖固定在一起。 • 作用：避免电枢轴弯曲变形，一些起动机装有中间支撑板

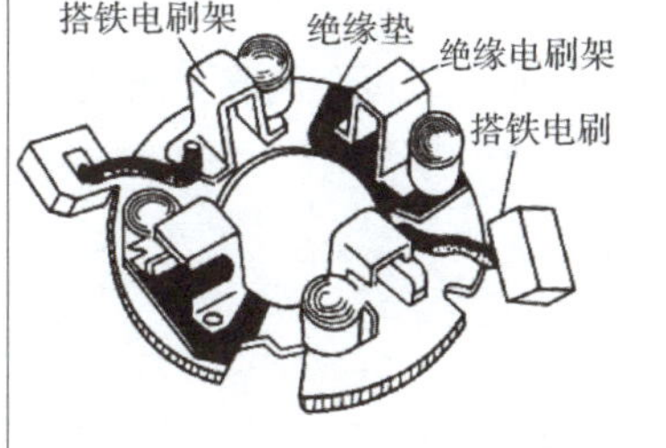

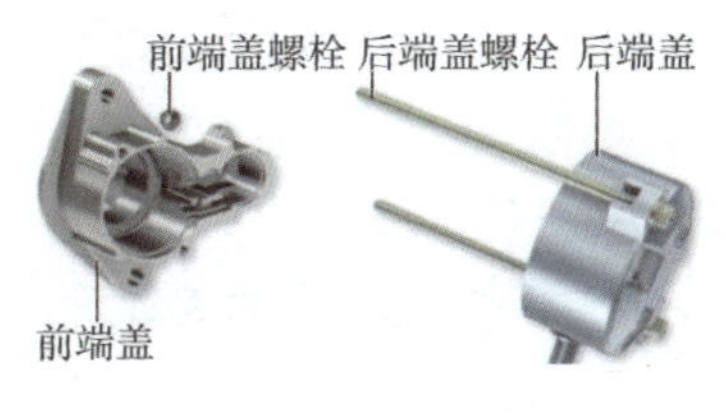

起动机直流电动机工作原理

• 通电导体在磁场中会受到电磁力的作用：电磁力方向遵循左手原则。当蓄电池电流经过电刷引入电枢后，在线圈中有电流流过，产生电磁力，线圈在电磁力作用下产生旋转运动

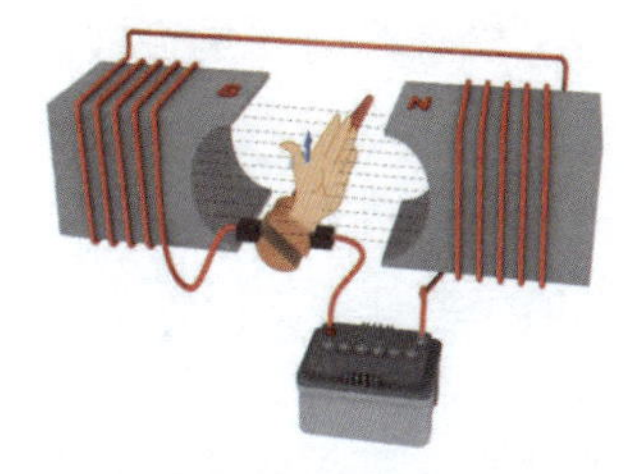

学习笔记

步骤三：检查起动机单元

1. 检查电磁开关

（1）检查铁芯。

推入铁芯，检查并确认其是否能够迅速回位到初始位置，见图 3-2-7。如有必要，更换电磁开关总成。

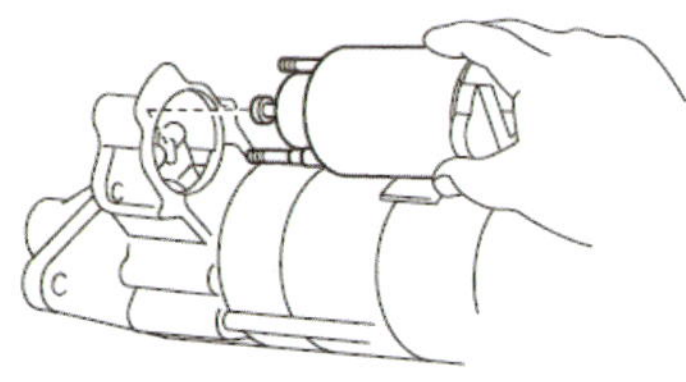

图 3-2-7　检查电磁开关

（2）检测吸引线圈是否断路。

将万用表置于欧姆（Ω）挡，检测端子之间的电阻，记录检测数据并与标准数据进行比对，若不符合标准要求，则需更换电磁开关总成。

（3）检测保持线圈是否断路。

将万用表置于欧姆（Ω）挡，检测端子之间的电阻，记录检测数据并与标准数据进行比对，若不符合标准要求，则需更换电磁开关总成。

2. 检查起动机电枢总成

（1）检查换向器是否断路。

使用万用表检测换向器整流子片间的电阻，记录检测数据并与标准数据进行比对，若不符合标准要求，则需检修或更换起动机电枢总成。

（2）检查换向器是否搭铁短路。

使用万用表检测换向器和电枢线圈间的电阻，记录检测数据并与标准数据进行比对，若不符合标准要求，则需检修或更换起动机电枢总成。

（3）检查外观。

如果表面脏污或烧坏，用砂纸（400 号）或在车床上修复表面。

起动机传动系统

作用	结构
• 把直流电动机产生转矩传递给飞轮齿圈，再通过飞轮齿圈把转矩传递给发动机的曲轴，使发动机起动。 • 起动后，飞轮齿圈与驱动齿轮自动打滑脱离	驱动齿轮　单向离合器　拨叉　啮合齿轮

工作过程

- （a）所示为起动机不工作时所处的位置。
- （b）所示为在电磁开关的作用下，驱动齿轮与飞轮齿圈正在啮合，此时起动机的主电路还没有接通。
- （c）所示为驱动齿轮与发动机飞轮齿圈完全啮合，主电路接通，电枢轴开始带动发动机曲轴旋转。
- 发动机起动后，驱动齿轮与飞轮齿圈仍处于啮合状态，单向离合器打滑，驱动齿轮在飞轮的带动下空转。
- 起动结束后，驱动齿轮在电磁开关的作用下，与发动机飞轮齿圈脱离啮合

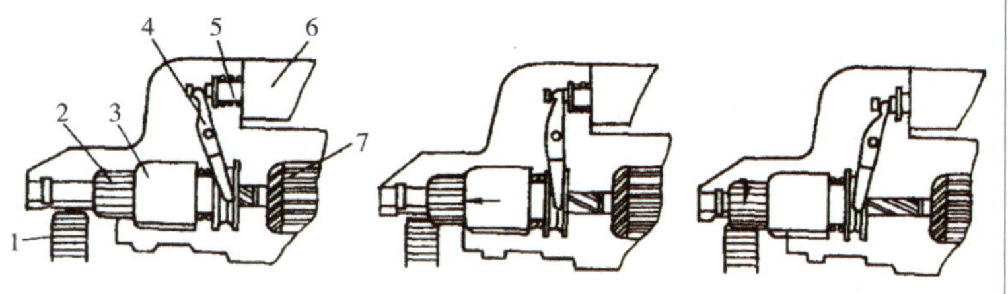

（a）起动机静止状态　（b）驱动齿轮与飞轮齿圈正在啮合　（c）完全啮合

1—飞轮；2—驱动齿轮；3—单向离合器；4—拨叉；5—活动铁芯；6—电磁开关；7—电枢

全力以赴也许会有伤痕，那是一生的荣耀。

（4）检查换向器是否径向跳动。

① 换向器放在 V 形块上。

② 使用百分表测量换向器径向跳动，记录检测数据并与标准数据进行比对，如果径向跳动大于最大值，则更换起动机电枢总成。

（5）检查换向器直径。

使用游标卡尺测量换向器径向跳动，记录检测数据并与标准数据进行比对,如果检测数据小于最小值,则更换起动机电枢总成。

3. 检查起动机电刷架总成

（1）拆下弹簧卡爪，然后拆下 4 个电刷。

（2）检查电刷长度。

使用游标卡尺测量电刷长度，记录检测数据并与标准数据进行比对，如果检测数据小于最小值，则更换起动机电刷架总成。

（3）检查电刷架。

使用万用表测量电刷架电阻，见图 3-2-8，记录检测数据并与标准数据进行比对，如果检测数据不符合标准，则更换起动机电刷架总成。

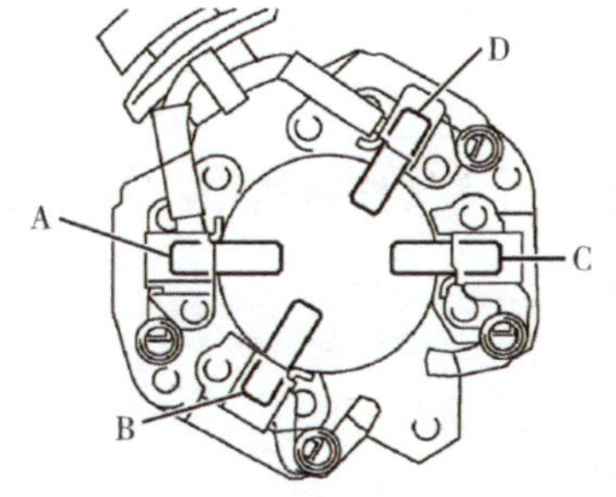

图 3-2-8　检查电刷架

4. 检查起动机单向离合器

（1）检查行星齿轮的轮齿、内齿轮和起动机离合器是否磨损并损坏。如果损坏，更换齿轮或离合器总成。

（2）检查起动机离合器。

顺时针转动离合器小齿轮，检查并确认其自由转动。尝试逆时针转动离合器小齿轮，检查并确认其锁止，见图 3-2-9。如果卡涩，则更换起动机中间轴承离合器分总成。

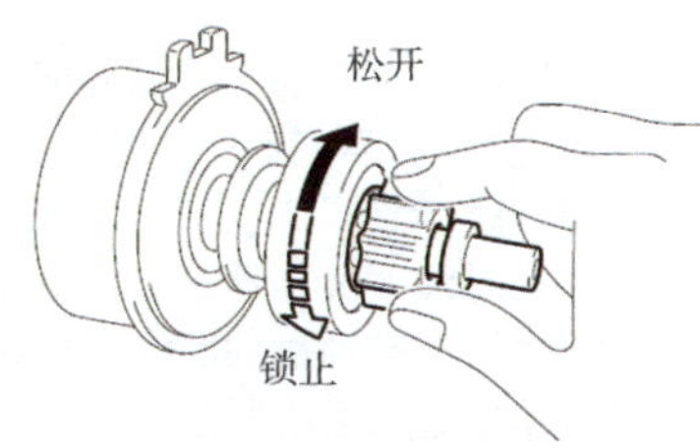

图 3-2-9　检查起动机离合器

起动机单相离合器

作用	• 起动发动机时，将电动机的转矩传给发动机曲轴，进而起动发动机。 • 发动机起动后，能自动打滑防止电枢轴被发动机拖动超速旋转		
分类	扭力弹簧式单向离合器	摩擦片式单向离合器	滚柱式单向离合器
	扭力弹簧 传动套筒	摩擦片 接合毂	滚柱弹簧 滚柱

起动机电磁开关

作用	• 控制电路的通断及驱动齿轮与飞轮齿圈的啮合与分离 
结构	• 两个主接线柱伸入电磁开关内部为触点。 • 铜套上绕着吸引线圈和保持线圈，两线圈的公共端引出接起动开关的接线柱；吸引线圈的另一端接电动机主接线柱；保持线圈的另一端直接搭铁。 • 铜套内有活动铁芯与拨叉通过拉杆相连。 • 电磁开关内的弹簧用来保证接触片和活动铁芯的回位 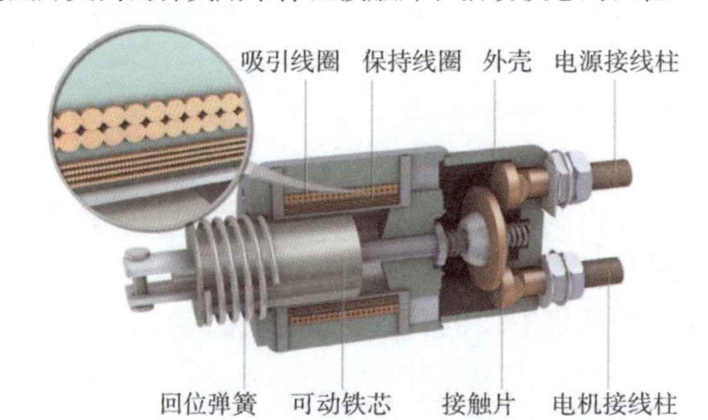

学习笔记

学习笔记

步骤四：组装起动机总成

1. 安装起动机单向离合器分总成

（1）将润滑脂涂抹到起动机小齿轮驱动杆与起动机小齿轮驱动杆的起动机枢轴的接触部分。

（2）将起动机小齿轮驱动杆和橡胶密封件安装至起动机单向离合器分总成。

（3）将起动机单向离合器和起动机小齿轮驱动杆一起安装至起动机驱动端壳总成。

2. 安装行星齿轮

（1）在行星齿轮和行星轴销部位涂抹润滑脂，见图 3-2-10。

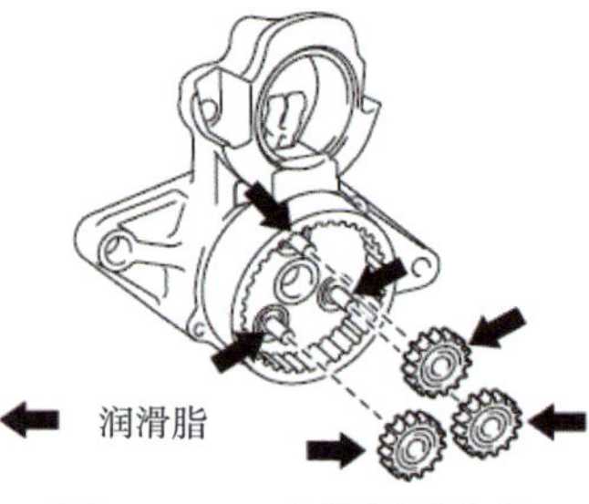

图 3-2-10　安装行星齿轮

（2）安装 3 个行星齿轮。

3. 安装起动机电刷架总成

（1）安装电刷架。

（2）用螺丝刀抵住电刷弹簧，并将 4 个电刷安装到电刷架上。

（3）将密封垫插入正极（+）和负极（-）之间。

4. 安装起动机换向器端盖总成

（1）将电刷架卡夹装配到起动机换向器端架总成上。

（2）用固定螺钉安装换向器端架，紧固扭矩为 1.5 N · m。

5. 安装起动机电枢总成

（1）将橡胶件对准起动机磁轭总成的凹槽。

（2）将带电刷架的起动机电枢安装到起动机磁轭总成上。

6. 安装起动机电枢板

（1）将起动机电枢板安装至起动机磁轭总成。

检测起动机单元电阻技术标准

项目	检测端子	标准值
吸引线圈电阻	端子 50—端子 C	小于 1 Ω
保持线圈电阻	端子 50—电磁开关壳体	小于 2 Ω
换向器整流子片间电阻	整流子片—整流子片	小于 1 Ω
换向器和电枢线圈间的电阻	换向器—电枢	10 kΩ 或更大
电刷架电阻	A—B	10 kΩ 或更大
	A—C	10 kΩ 或更大
	A—D	小于 1 Ω
	B—C	小于 1 Ω
	B—D	10 kΩ 或更大
	C—D	10 kΩ 或更大

检修起动机电枢总成技术标准

项目	标准值	极限值
换向器径向跳动	0.02 mm	最大 0.05 mm
换向器直径	29.0 mm	最小 28.0 mm
电刷长度	14.4 mm	最小 9.0 mm

起动机使用注意事项

- 车上进行起动检测之前，一定要将变速器挂上空挡，并实施驻车制动。
- 拆卸起动机之前，应先拆下蓄电池的搭铁电缆线。
- 有些起动机在起动机与法兰盘之间使用了多块薄垫片，在装配时应按原样装回。
- 起动时踩下离合器踏板，将变速器挂入空挡或停车挡。
- 每次接通起动机的时间不得超过 5 s，两次之间应间歇 15 s 以上。
- 发动机起动后应马上松开起动开关。
- 发现起动系统工作异常时，应及时诊断并排除故障后再起动

全力以赴也许会有伤痕，那是一生的荣耀。

（2）安装起动机板，使键槽位于键A和键B之间，见图3-2-11。

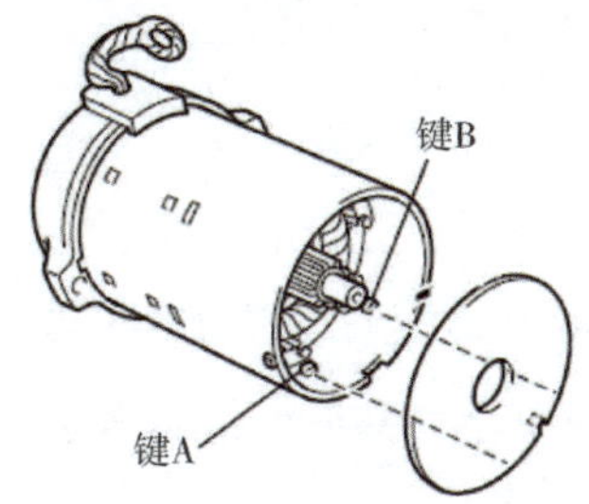

图 3-2-11　安装起动机电枢板

7. 安装起动机磁轭总成

（1）将起动机磁轭键对准位于起动机驱动端壳总成上的键槽，见图 3-2-12。

（2）用固定螺钉安装起动机磁轭总成，紧固扭矩为 6.0 N·m。

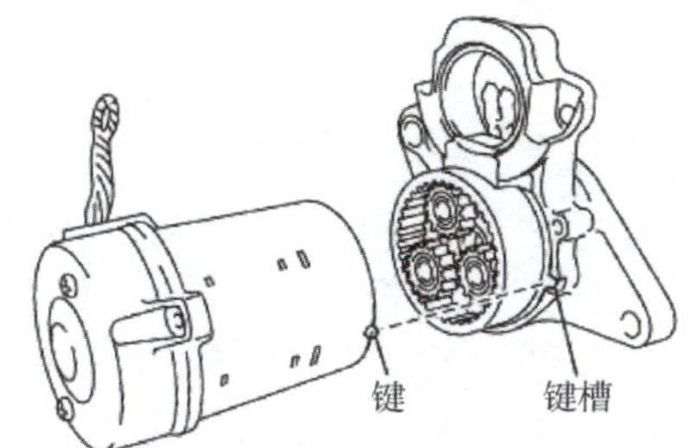

图 3-2-12　将磁轭键对准键槽

8. 安装磁力起动机开关总成

（1）在铁芯挂钩上涂抹润滑脂。

（2）将磁力起动机开关总成的铁芯从上侧接合到驱动杆上。

（3）用固定螺母安装磁力起动机开关总成，紧固扭矩为 7.5 N · m。

（4）将引线连接至磁力起动机开关，然后用螺母紧固，紧固扭矩为 10 N · m。

起动机常见故障

故障现象	故障原因
• 接通起动开关后，起动机高速旋转而发动机曲轴无反应	• 起动机的传动机构故障，例如，传动齿轮或单向离合器磨损
• 起动机无法正常工作，驱动齿轮不转	• 电源线出现问题、起动开关接触盘烧蚀以及发动机阻力过大等
• 起动机动力输出不足，无法带动曲轴	• 励磁线圈短路、蓄电池亏电等均可引发起动机动力不足
• 起动机运转声音刺耳	• 单向离合器卡死或起动机安装不当
• 起动机开关时有“嗒嗒”的声音，但是不工作	• 保持线圈断线或蓄电池严重亏电

学习笔记

学习笔记

任务测评

一、知识测评

确定本任务关键词，按重要程度进行关键词排序并举例解读。

根据自己对重要信息捕捉、排序、表达、创新和划分权重能力进行自评，见表 3-2-2，满分 100 分。

表 3-2-2　拆检起动机知识测评表

序号	关键词	举例解读	评分自定
1			
2			
3			
4			
5			
总分			

二、能力测评

对表 3-2-3 所列作业内容，操作规范即得分，操作错误或未操作即零分。

表 3-2-3　拆检起动机能力测评表

序号	能力点	配分	得分
1	前期准备	10	
2	拆卸起动机	30	
3	检查电磁开关	10	
4	检查起动机电枢总成	10	
5	检查起动机电刷架总成	10	
6	组装起动机	30	
总分		100	

三、素养测评

对表 3-2-4 所列素养点，做到即得分，未做到即零分。

表 3-2-4　拆检起动机素养测评表

序号	素养点	配分	得分
1	设备和工具安全检查	20	
2	车辆安全防护	20	
3	工具清洁、校准、存放	20	
4	工量辅具、零部件、油水液体“三不落地”	20	
5	工位“5S”	20	
总分		100	

四、拓展训练

（1）请列举出在拆检起动机过程中易出现的问题，分析产生问题的原因并制定解决问题的措施。

（2）由于车辆更新换代较快，请查看实训室现有车辆，试根据维修手册制定拆检起动机流程并进行检测。

（3）请按照下列思维导图格式（见图 3-2-13），总结拆检起动机的学习收获，搜集两个起动机的故障现象，三人一组，用思维导图分析故障可能原因，并做成案例，体会分析过程中的合作作用。

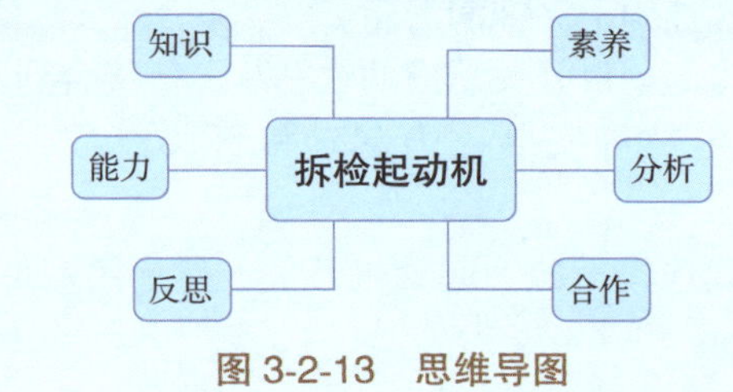

图 3-2-13　思维导图

全力以赴也许会有伤痕，那是一生的荣耀。

学习笔记

学习考评

一、考评项目

根据所学，请对 2007 款卡罗拉 1.6 L/AT 轿车的起动机进行检修，完成考评报告。

二、实施准备

1. 学生准备

学生在按照教学进度计划，已经完成了以下学习任务并达到了 75 分以上，可进行该学习考评的实施。

（1）理解并完成学习考评需要的职业知识和方法的学习，得分大于 75 分。

（2）运用学习考评需要的职业知识和方法进行作业，得分大于 75 分。

（3）按时、按质、按量完成相应作业，得分大于 80 分。

（4）具有自觉遵守技术标准和要求规定、规范操作、安全、环保、“5S”作业、团结协作的好习惯，得分大于 80 分。

（5）能制定 2007 款卡罗拉 1.6 L/AT 轿车的起动机进行检修方案。

2. 教师准备

（1）在安排学生实施学习考评前，通过课堂问题研讨、作业、实训和考核及其他方式，确认学生已经具备了实施学习考评所需的知识、技能和素养，并确保学生在安全状态下独立进行。

（2）对协助教师进行测评的学生进行测评和监督方法的培训，确保测评结果的准确性和公平性。

（3）准备好测评记录。

三、验证方法与标准

（1）每位测评人员负责对两名学生进行定点、全过程的监控和测评。

（2）详细记录学生在实施学习考评过程中的相关信息、数据、结果、操作方法、完成时间，以及出现错误、事故等情况。

（3）学习考评的作业过程和数据记录等，要求在 90 min 内完成，时间不足，可在即将结束时，口述剩余部分的作业方法。

（4）考核内容及评分标准见下表。

考核内容及评分标准

序号	评分项	得分条件	评分标准	配分	扣分
1	安全 / 5S/ 态度	□ 1. 能进行工位 5S 操作 □ 2. 能进行设备和工具安全检查 □ 3. 能进行车辆安全防护操作 □ 4. 能进行工具清洁校准存放操作 □ 5. 能进行三不落地操作	未完成 1 项扣 3 分，扣分不得超 15 分	15	
2	专业技能能力	□ 1. 能正确拆卸散热器上空气导流板 □ 2. 能正确拆卸起动机磁力开关连接器锁口断开线束连接器 □ 3. 能正确拆卸起动机端子盖 □ 4. 能正确拆卸起动机主供电电缆 □ 5. 能正确拆卸起动机 □ 6. 能正确拆卸磁力起动机开关总成 □ 7. 能正确拆卸起动机磁轭总成 □ 8. 能正确拆卸起动机电枢总成 □ 9. 能正确拆卸起动机电枢板	未完成 1 项扣 5 分，扣分不得超 50 分	50	

学习笔记

续表

序号	评分项	得分条件	评分标准	配分	扣分
2	专业技能能力	□ 10. 能正确拆卸起动机电刷架总成 □ 11. 能正确拆卸行星齿轮 □ 12. 能正确拆卸起动机单向离合器分总成 □ 13. 能正确检查电磁开关 □ 14. 能正确检查起动机电枢总成 □ 15. 能正确检查起动机电刷架总成 □ 16. 能正确检查起动机单向离合器 □ 17. 能正确安装起动机单向离合器分总成 □ 18. 能正确安装行星齿轮 □ 19. 能正确安装起动机电刷架总成 □ 20. 能正确安装起动机换向器端盖总成 □ 21. 能正确安装起动机电枢总成 □ 22. 能正确安装起动机电枢板 □ 23. 能正确安装起动机磁轭总成 □ 24. 能正确安装磁力起动机开关总成	未完成1项扣5分，扣分不得超50分	50	
3	工具及设备的使用能力	□ 1. 能正确选用维修工具 □ 2. 能正确使用维修工具拆装 □ 3. 能正确使用测量工具 □ 4. 能正确使用专用工具 □ 5. 能熟练使用办公软件	未完成1项扣5分，扣分不得超10分	10	
4	资料、信息查询能力	□ 1. 能正确使用维修手册查询资料 □ 2. 能正确使用用户手册查询资料 □ 3. 能在规定时间内查询所需资料 □ 4. 能正确记录查询资料章节页码 □ 5. 能正确记录所需维修信息	未完成1项扣2分，扣分不得超10分	10	

续表

序号	评分项	得分条件	评分标准	配分	扣分
5	数据判读和分析能力	□ 1. 能判断电磁开关是否需要维修或更换 □ 2. 能判断起动机电枢总成是否需要维修或更换 □ 3. 能判断起动机电刷架总成是否维修或更换 □ 4. 能判断起动机单向离合器是否需要维修或更换	未完成1项扣5分，扣分不得超10分	10	
6	表单填写与报告的撰写能力	□ 1. 字迹清晰 □ 2. 语句通顺 □ 3. 无错别字 □ 4. 无涂改 □ 5. 无抄袭	未完成1项扣1分，扣分不得超5分	5	
合计				100	

四、考评报告

说明：考评分为理论考评和实操考评，理论考评根据项目要求以及考评模板格式制定项目实施方案，方案经教师审核合格后，方可进行实操考评。考评报告模板详见附录A。

学习笔记

拓展阅读——升降车窗的前世今生

电动升降车窗逐渐将手摇式取代，我们很快适应了舒适便捷的操作，开始淡忘那老式车窗摇把吱吱呀呀的声响。其实，简单的车窗也有一部惊心动魄的进化史，从其中是否可以窥见一丝技术进步的线索呢？

记住，最初的汽车都是敞篷的，人们为了让车顶可以自动升降发明了一套系统。1930 年，普利茅斯汽车是首次拥有折叠车顶自动升降功能的车型。

20 世纪，最著名的豪车品牌帕卡德 1940 年在 Packard180 系列车型首次使用了机械车窗，通过电液系统进行操控。

别克在 1946 年研发了自己的液压电控装置，从而让人们可以用简单的按钮控制车顶折叠、车窗升降以及座椅调节。全套的电控系统只在通用品牌旗下的高端敞篷车型中才是标配，且电动、前排座椅、车窗一体只作为一个整体销售。

1954 年，美国通用汽车对于车窗的上下调节增加了不同速度的电动机选择。而雪佛兰也在同年推出了电动车窗选装。

全电动的通风车窗于 1956 年在林肯大陆 MarkII 上出现。

20 世纪 60 年代，凯迪拉克将四扇车窗和四扇通风车窗全部纳入车窗控制标配时，驾驶位的车窗控制键足足有八个！难以想象当时的司机想开个窗户是多么凌乱。到 20 世纪 80 年代，汽车空调的普及逐渐淘汰了通风窗。

电动车窗功能不断完善，一键升窗和一键降窗大大方便了车窗升降，长按车钥匙锁车键可以同时将车的所有车窗关闭的功能，使人们下车以后就不用因为忘记关车窗而需要重新给车通电、挨个关窗、断电等。

在电动车窗普及之后，由于一键升窗而发生的儿童夹头等意外让人们开始琢磨如何把此系统改进得更安全。后窗锁就是这个时候出现的。驾驶人锁上车窗后，后排乘客无法打开车窗，这样也就避免了误碰开关伤人。

人们还发明了车窗防夹手功能，让车窗在上摇时感受到压力会自动反向弹开。

截止到 2008 年，大部分车型电动升降窗已成标配，手摇升降车窗逐渐成为历史。今年已经是 2021 年，车窗又有什么进步呢？

思考

小小的车窗百年进化史给你什么启迪，畅想一下，画一个思维导图，你还想给车窗赋予什么功能？

学习笔记

项目四　检修点火系统

一、项目描述

完成 2007 款卡罗拉 1.6 L/AT 轿车点火系统检修作业。

二、项目要求

符合 2007 款卡罗拉 1.6 L/AT 轿车维修手册要求与标准，正确使用工具，完成如下职业行动：

（1）检修点火线圈。

（2）检修点火开关。

三、学习目标

（1）准确描述点火线圈的位置、结构、工作原理。

（2）准确描述火花塞的位置、结构、工作原理。

（3）准确描述点火线圈的拆检方法。

（4）准确描述火花塞的拆检方法。

（5）规范地对点火线圈进行拆检作业。

（6）规范地对火花塞进行拆检作业。

（7）养成自觉遵守技术标准和要求规定、规范操作、安全、环保、“5S”作业的好习惯。

（8）培养坚持不懈，永不言败的奋斗精神。

（9）体会并提取汽车点火系统发展史里的创新要素。

四、学习载体

2007 款卡罗拉 1.6 L/AT 轿车点火系统如下图。

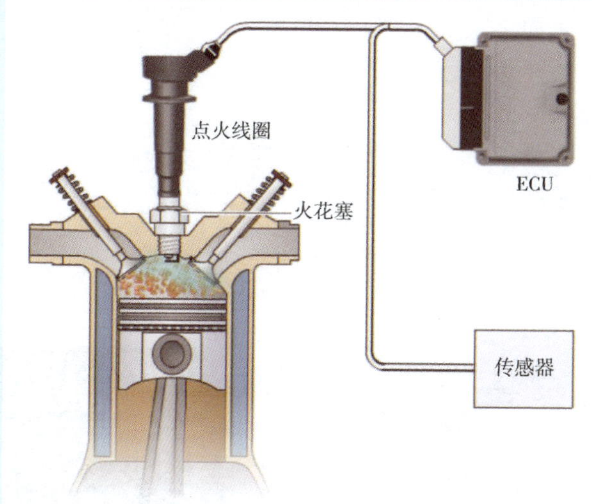

汽车点火系统

汽车发动机的工作循环是由吸气、压缩、做功与排气四个行程组成。柴油机用压缩着火，汽油机均采用电火花点火。汽油的燃点较高，必须用明火点燃，汽缸内的汽油混合气是用高压电火花点燃的。

电火花点火是通过一整套电器设备和零部件，在相互配合下，将汽车的低压电变为高压电，利用装在汽缸燃烧室内的火花塞间隙放电，产生电火花，将可燃混合气点燃做功，并能按发动机工作的要求而自动调节点火时间，使点火可靠、准确。

学习笔记

学习笔记

任务一　拆检点火线圈

职业行动

步骤一：作业准备

1. 作业场地

选择带有消防设施的作业场地。

2. 设备设施

2007 款卡罗拉 1.6 L/AT 轿车、零件车、垃圾桶。

3. 工量辅具（见表 4-1-1）

表 4-1-1　拆检点火线圈工量辅具

套筒扳手组合套具	翼子板三件套
万用表	扭力扳手

4. 耗材

清洁布、劳保手套。

职业知识

点火系统		
作用	• 将蓄电池或发电机提供的低压电变为高压电。 • 根据传感器检测的发动机各种工况信号，按照发动机的工作顺序和点火时刻，适时准确地将高压电分配给各缸火花塞，使之跳火，点燃气缸内的可燃混合气	
组成	ECU（电控单元）	CPU 不断接收上述各种传感器发送来的信号，并按预先编制的程序进行计算和判断，向点火控制器发出接通与切断点火线圈初级电路的控制信号
	点火线圈	将蓄电池或发电机提供的低压电变为高压电
	火花塞	将高压电引入气缸燃烧室，产生电火花点燃混合气

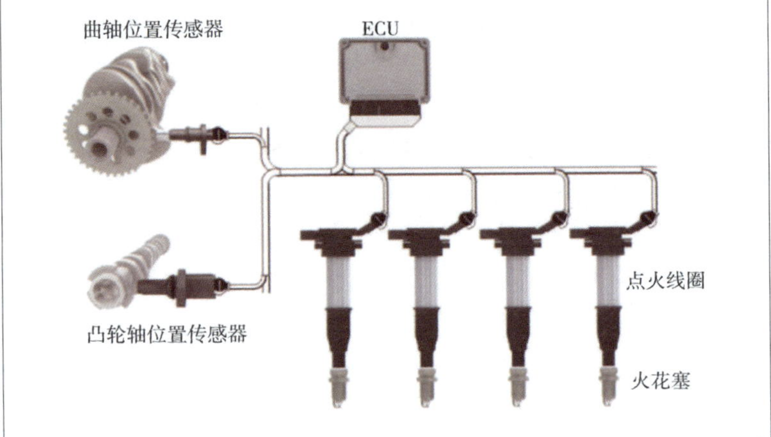

视频

4-1 点火系统工作原理

视频

4-2 拆卸点火线圈

真正的是失败是不敢想象。

步骤二：断开蓄电池负极电缆

（1）关闭点火开关。

（2）根据维修手册规定选用 10 mm 套筒棘轮扳手。正确使用工具断开蓄电池负极端子电缆。

步骤三：拆卸点火线圈

1. 取下发动机罩盖

依次提起发动机罩盖前后两端，取下发动机罩盖，见图 4-1-1。

2. 断开点火线圈线束连接器

按下点火线圈线束连接器锁舌，将线束连接器向外拔出，依次断开 4 个点火线圈线束连接器，见图 4-1-2。

图 4-1-1　取下发动机罩

图 4-1-2　断开点火线圈线束连接器

3. 拆卸点火线圈固定螺栓

（1）根据维修手册选择 10 mm 套筒、棘轮扳手。正确使用组合工具依次拧松点火线圈固定螺栓，见图 4-1-3。

图 4-1-3　点火线圈固定螺栓

点火系统传感器作用

传感器	作用
凸轮轴位置传感器	识别汽缸活塞即将到达上止点，称为汽缸识别传感器
曲轴位置传感器	确定曲轴的位置也就是曲轴的转角
空气流量传感器	确定进气量大小
进气温度传感器	反映发动机吸入空气的温度
节气门位置传感器	将节气门开启角度转换为电信号输入 ECU，ECU 利用该信号和车速传感器信号来综合判断发动机所处的工况
冷却液温度传感器	反映发动机工作温度的高低

点火系统结构

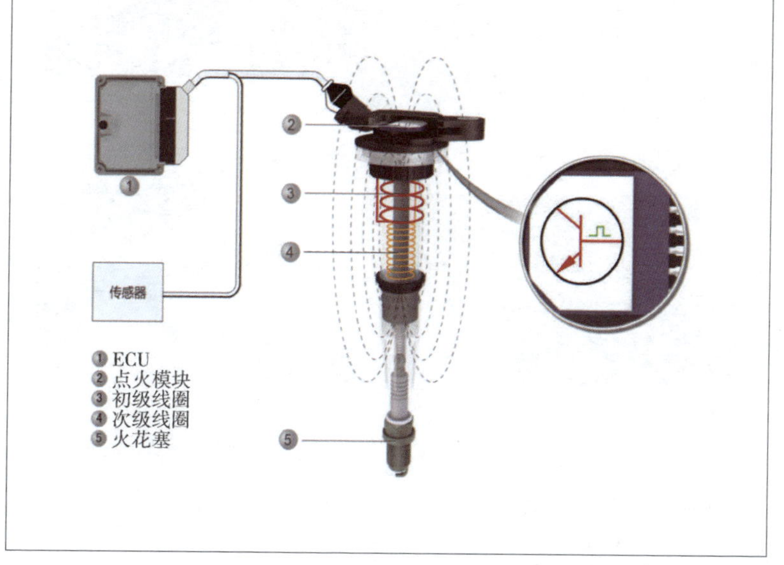

学习笔记

学习笔记

（2）用手依次取下点火线圈固定螺栓。

4. 取下点火线圈

（1）用手左右旋动点火线圈，并垂直向上拔出点火线圈，见图 4-1-4。

（2）依次取下 4 个点火线圈。

（3）按顺序摆放到零件车上。

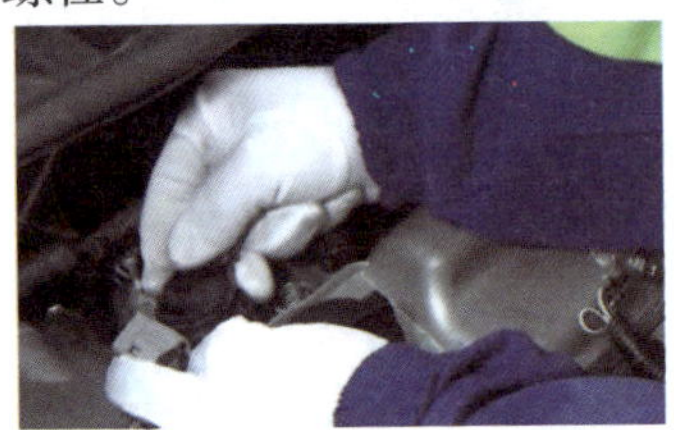

图 4-1-4　取下点火线圈

注意事项：如果点火线圈拔出困难，不要硬拔，左右多次旋动点火线圈，使火花塞与点火线圈套接松动，然后再垂直点火线圈。

步骤四：检查点火线圈

（1）检查点火线圈线束连接器有无损坏、锈蚀，见图 4-1-5。

（2）检查点火线圈外观有无损坏、破裂，见图 4-1-6。

图 4-1-5　检查点火线圈线束连接器

（3）检查点火线圈与火花塞套接部位橡胶有无损坏、老化、裂纹，见图 4-1-7。

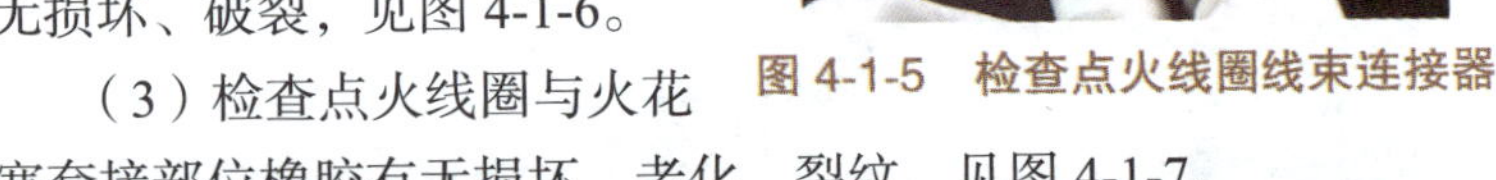

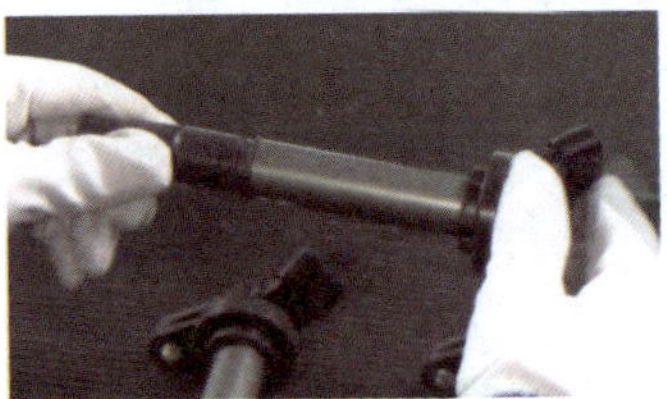

图 4-1-6　检查点火线圈外观

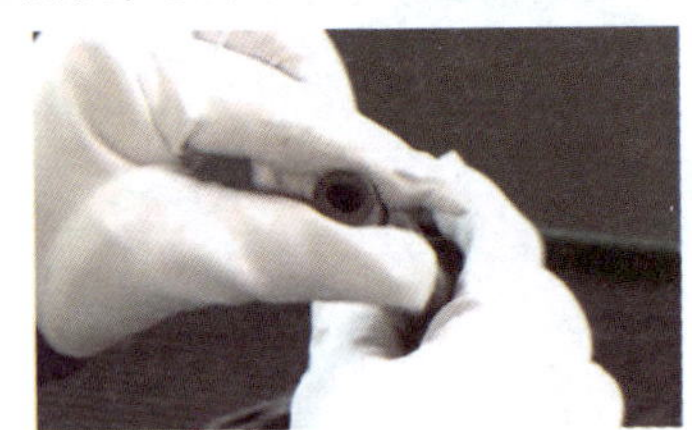

图 4-1-7　检查点火线圈与火花塞套接部位

（4）检查点火线圈与火花塞套接部位有无锈蚀、烧蚀。如有则更换点火线圈。

点火线圈结构

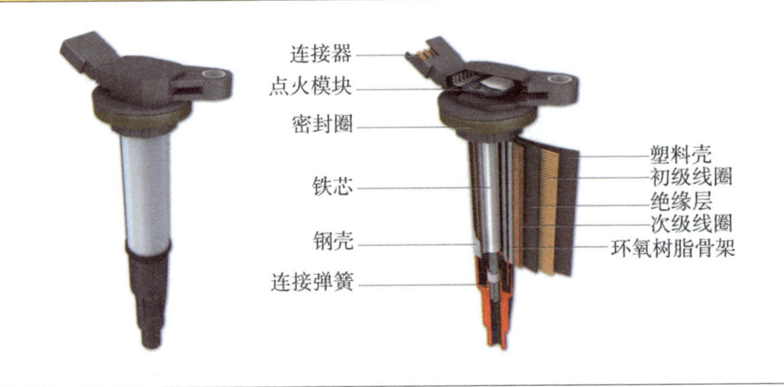

点火线圈原理

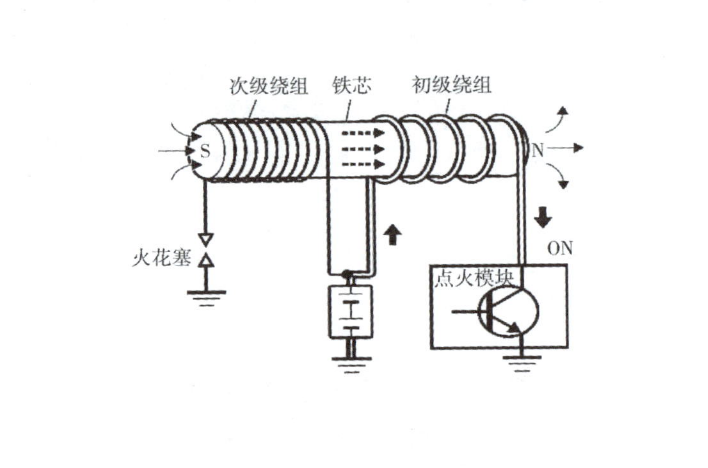

真正的是失败是不敢想象。

步骤五：安装点火线圈

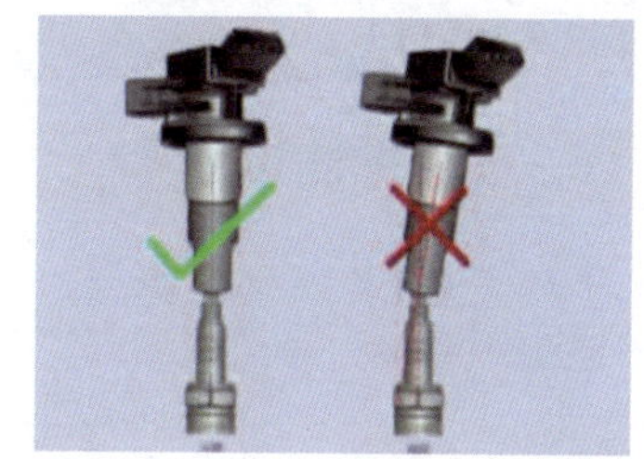

图 4-1-8　点火线圈垂直插入

（1）依次将点火线圈垂直插入，确保完全插入，与火花塞套间良好，见图 4-1-8。

（2）依次安装点火线圈固定螺栓。

（3）根据维修手册规定选择合适工具，调整扭力扳手扭矩，连接组合工具。

（4）使用扭力扳手,依次以标准扭矩拧紧点火线圈固定螺栓。

（5）依次连接点火线圈线束连接器。

注意事项：插接点火线圈线束连接器时，确认听到锁止到位的“咔嗒”声，并检查锁止是否可靠。

（6）双手握住发动机盖罩，对正位置依次按下前后端，确保安装到位。

（7）清洁整理工具。使用干净的布清洁使用过的工具，把清洁完的工具整理到原来的位置。

学习笔记

学习笔记

任务测评

一、知识测评

确定本任务关键词，按重要程度进行关键词排序并举例解读。

根据自己对重要信息捕捉、排序、表达、创新和划分权重能力进行自评，见表 4-1-2，满分 100 分。

表 4-1-2　拆检点火线圈知识测评表

序号	关键词	举例解读	评分自定
1			
2			
3			
4			
5			
总分			

二、能力测评

对表 4-1-3 所列作业内容，操作规范即得分，操作错误或未操作即零分。

表 4-1-3　拆检点火线圈能力测评表

序号	能力点	配分	得分
1	前期准备	20	
2	断开蓄电池负极	20	
3	拆卸点火线圈	20	
4	检查点火线圈	20	
5	安装点火线圈	20	
总分		100	

三、素养测评

对表 4-1-4 所列素养点，做到即得分，未做到即零分。

表 4-1-4　拆检火花塞素养测评表

序号	素养点	配分	得分
1	设备和工具安全检查	20	
2	车辆安全防护	20	
3	工具清洁、校准、存放	20	
4	工量辅具、零部件、油水液体“三不落地”	20	
5	工位“5S”	20	
总分		100	

四、拓展训练

（1）请列举出在拆检点火线圈过程中易出现的问题，分析产生问题的原因并制定解决问题的措施。

（2）由于车辆更新换代较快，请查看实训室现有车辆，试根据维修手册制定拆检点火线圈流程并进行检测。

（3）请按照下列思维导图格式（见图 4-1-9），总结拆检点火线圈的学习收获，搜集两个点火线圈的故障现象，用思维导图分析故障可能原因，并写成 500 字各一篇案例。

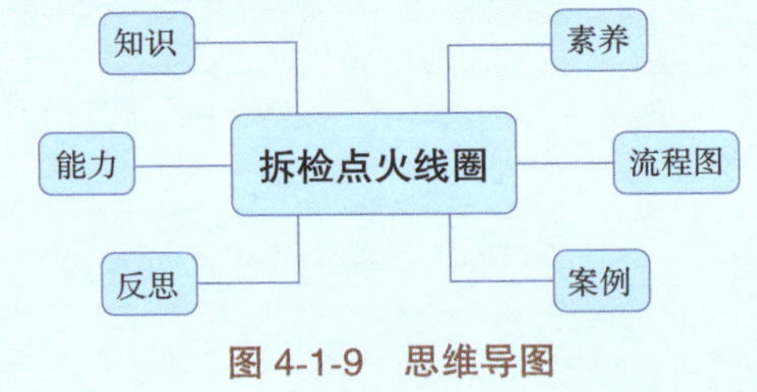

图 4-1-9　思维导图

真正的是失败是不敢想象。

学习笔记

任务二　拆检火花塞

职业行动

步骤一：作业准备

1. 作业场地

选择带有消防设施的作业场地。

2. 设备设施

2007 款卡罗拉 1.6 L/AT 轿车、零件车、垃圾桶。

3. 工量辅具（见表 4-2-1）

表 4-2-1　拆检火花塞工量辅具

套筒扳手组合套具	翼子板三件套
火花塞套筒扳手	塞尺

4. 耗材

清洁布、泡沫清洁剂、专用密封胶、防松胶、劳保手套。

职业知识

火花塞

作用	• 将点火线圈产生的脉冲高电压引入燃烧室。 • 在其两电极之间产生电火花。 • 点燃可燃混合气	
位置	• 点火线圈次级绕组末端	
结构	• 在钢制壳体的内部固定有高氧化铝陶瓷绝缘体，使中心电极与侧电极之间保持足够的绝缘强度。 • 绝缘体孔的上部装有金属杆，通过接线柱与高压分线相连，下部装有中心电极。 • 金属杆与中心电极之间用导电玻璃密封。 • 中心电极用镍锰合金制成，具有良好的耐高温、耐腐蚀和导电性能。 • 火花塞借壳中心电极与侧电极之间的间隙一般为 0.6 ～ 0.7 mm。与高能点火系统配套的火花塞，其间隙可达 1.0 ～ 1.2 mm。 • 下部的螺纹旋入气缸盖中，旋紧时密封垫圈受压变形保证壳体与缸盖之间密封良好	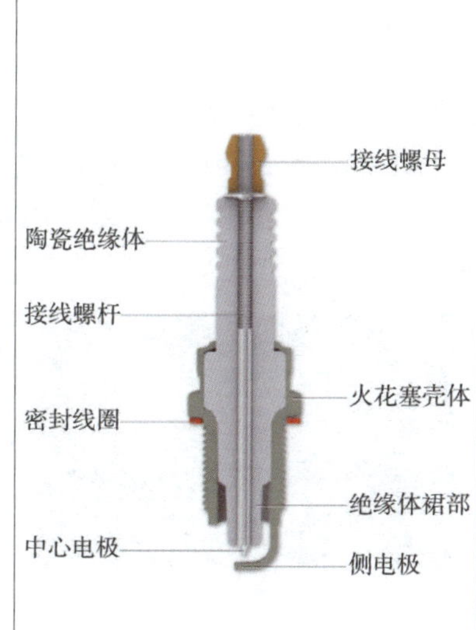

视频

4-3 火花塞工作原理

学习笔记

步骤二：清洁火花塞

（1）根据维修手册选择吹气枪。

（2）连接吹气枪和压缩空气管路。

（3）使用吹气枪依次吹拂火花塞安装孔，将火花塞安装孔中的污物吹出来，防止拆卸火花塞后污物掉入气缸中，见图 4-2-1。

图 4-2-1 吹拂火花塞安装孔

注意事项：使用吹气枪清洁火花塞安装孔时，防止灰尘进入操作人员眼睛。

步骤三：拆下火花塞

（1）根据维修手册规定，选择合适工具检查火花塞专用套筒橡胶是否有老化、破损。

（2）正确使用组合工具，依次拧松火花塞，见图 4-2-2。

（3）使用接杆和火花塞专用套筒，依次拧下火花塞，并保持垂直向上的方向从火花塞安装孔中取出火花塞，见图 4-2-3。

图 4-2-2 拧松火花塞

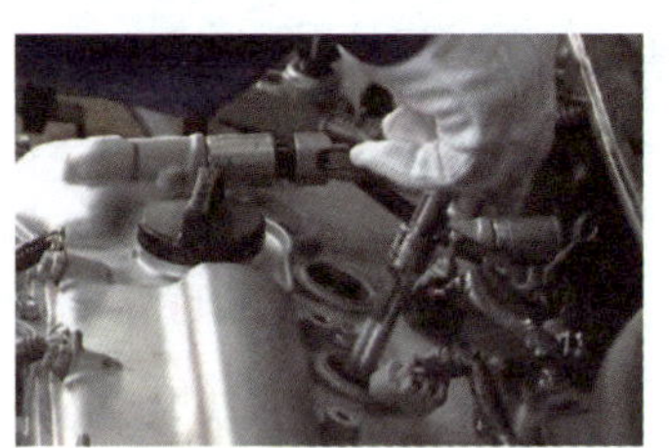

图 4-2-3 拧下火花塞

注意事项：取出火花塞时应垂直取出，防止火花塞撞到火花塞孔壁上。

（4）取下来的火花塞，按顺序摆放。

视频

4-4 火花塞的检修

火花塞工作特性

- 能承受高压（5.88 ～ 6.86 MPa）。
- 能承受冲击性高压电的作用。
- 能承受剧烈的温度变化（燃烧时 1 500 ～ 2 000 ℃，进气时 50 ～ 60℃）。
- 具有良好的热特性。
- 火花塞的材料能抵抗燃气的腐蚀

火花塞散热

火花塞工作时，周期性地受到高温燃气作用，使绝缘体裙部温度升高，主要散热部位有：

- 壳体
- 绝缘体
- 中心电极
- 金属杆

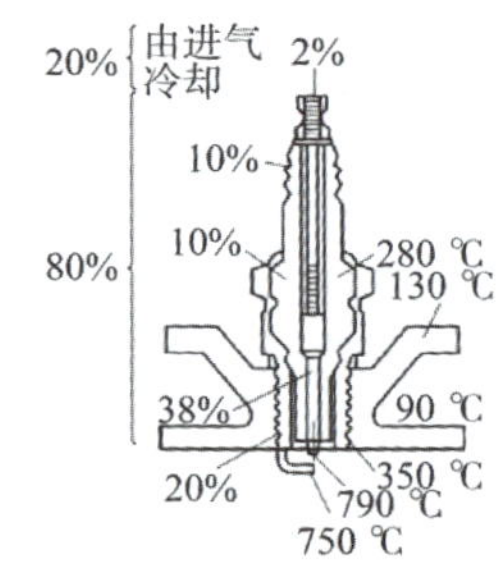

火花塞按热值分类

低热值火花塞	中热值火花塞	高热值火花塞

火花塞热值选用常见故障

故障现象	故障原因
火花塞经常由于积炭而导致断火	说明火花塞偏冷，热值选用过高
经常发生炽热点火而引发早燃	说明火花塞偏热，热值选用过低

绳锯木断，水滴石穿。

步骤四：断开喷油器线束连接器

按下喷油器线束连接器锁舌，依次断开四个喷油器线束连接器，见图 4-2-4。

图 4-2-4　断开喷油器线束连接器

步骤五：检查火花塞

（1）检查螺纹是否完好，见图 4-2-5。

（2）检查陶瓷是否有裂纹，见图 4-2-6。

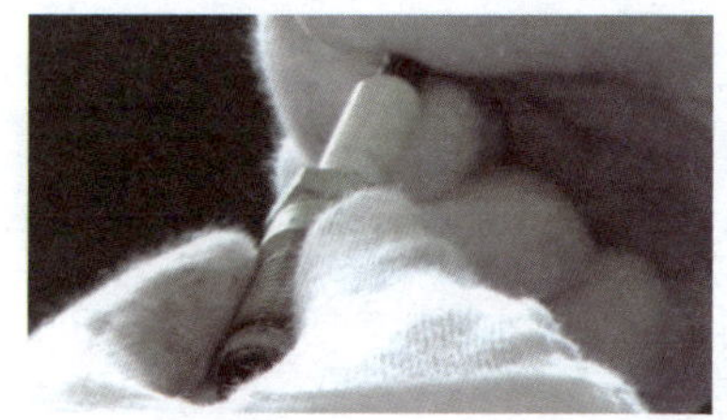

图 4-2-5　检查螺纹

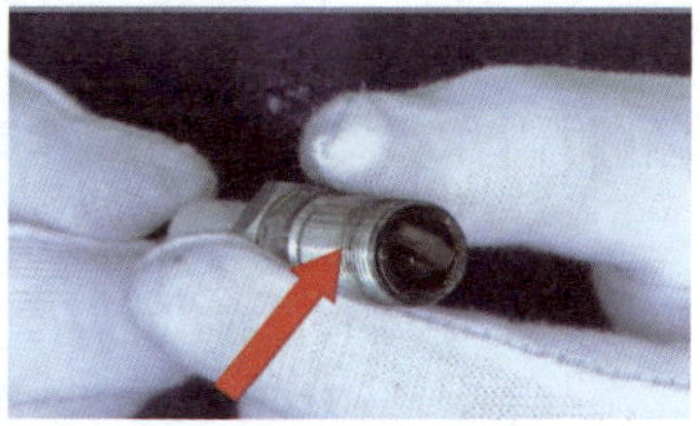

图 4-2-6　检查陶瓷

（3）检查火花塞与点火线圈套接部位是否锈蚀或烧蚀，见图 4-2-7。

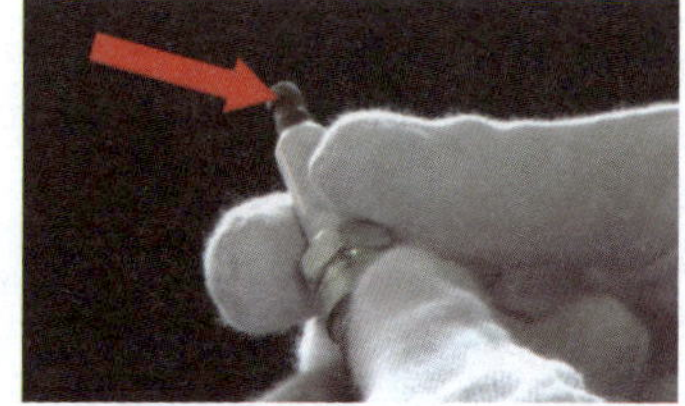

图 4-2-7　检查套接部位

火花塞工作特性

类型	特点	结构
标准型火花塞	• 应用广泛	
电极突出型火花塞	• 吸热量大 • 抗污能力好 • 不易引起炽热点火 • 热适应范围宽	
细电极型火花塞	• 电极很细 • 火花强烈 • 点火能力好 • 热范围较宽	
铜芯电极型火花塞	• 抗蚀性优良 • 传导性好 • 导热性好 • 电极耐油污、抗烧蚀 • 适用于高速发动机	
多极型火花塞	• 点火可靠 • 间隙不需经常调整 • 适用于电极容易烧蚀发动机 • 适用于火花塞间隙不能经常调整发动机	
电阻型火花塞	• 在电阻内装有 5 ～ 10 kΩ 的电阻 • 抑制汽车点火系统对无线电的干扰	

学习笔记

学习笔记

（4）检查火花塞电极状况是否正常，见图 4-2-8。若火花塞电极部分的颜色不正常，可根据厂家规定更换里程进行清洁或更换处理；若火花塞电极烧蚀严重必须更换。

（5）使用塞尺对火花塞间隙进行检查，见图 4-2-9。

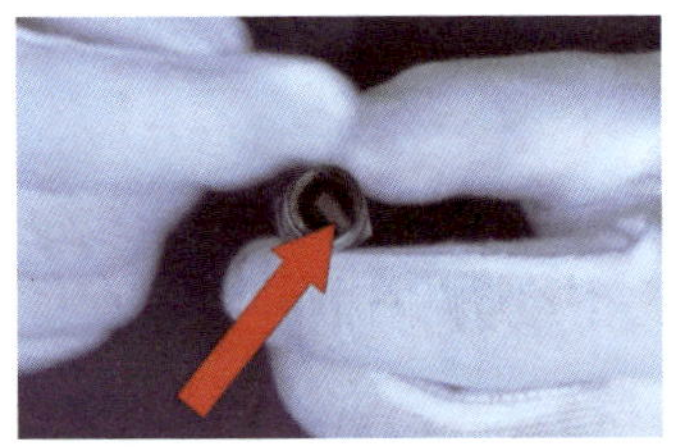

图 4-2-8　检查火花塞电极

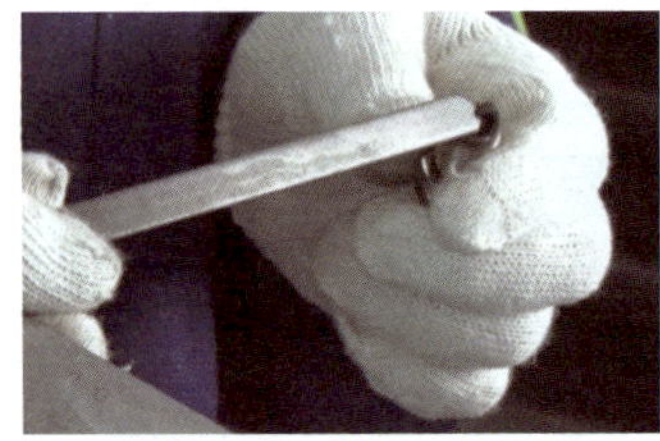

图 4-2-9　检查火花塞间隙

步骤六：安装火花塞

（1）将火花塞安装在火花塞套筒内，确保安装可靠，见图 4-2-10。

（2）使用火花塞套筒、接杆依次将火花塞按顺序旋入火花塞安装孔中。

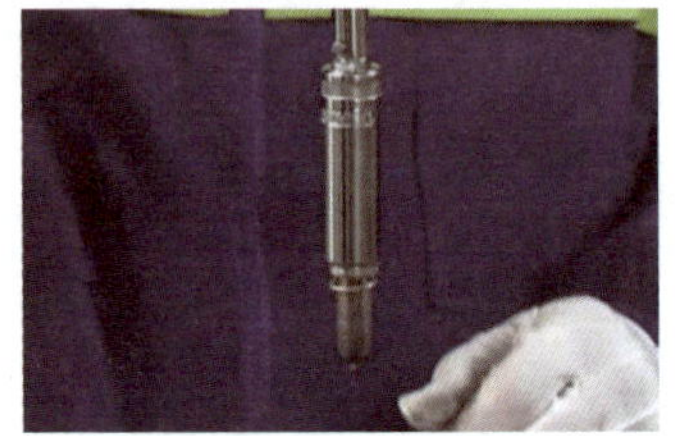

图 4-2-10　火花塞安装在套筒内

注意事项：安装火花塞时确保火花塞垂直放入火花塞安装孔中，并用手垂直拧入，直到拧不动为止。

（3）根据维修手册规定选择合适工具，调整扭力扳手扭矩，连接组合工具。

（4）使用扭力扳手依次紧固火花塞到达维修手册中规定的扭矩。

火花塞常见故障

故障	现象	原因	后果	例图
积炭	• 火花塞上有松软、乌黑的沉积物	• 混合气过浓。 • 燃烧不完全。 • 燃油质量太低或变质，燃烧不正常。 • 火花塞太冷、热值太低	• 积炭导电。 • 火花塞失火	
机油油污	• 机油进入燃烧室内	• 气门杆油封损坏。 • 气缸蹿油。 • 空气滤清器堵塞。 • 通风装置堵塞	• 不通过间隙跳火，而通过机油从更短的路径跳火到侧电极	
积灰	• 中心电极及侧电极表面覆盖有浅褐色沉积物	• 机油添加剂过多。 • 积灰若出现在火花塞半边，说明发动机上部磨损严重。 • 积灰包围电极，说明发动机下部磨损严重	• 引起自点火，造成功率损失。 • 损坏发动机	
爆震	• 绝缘体顶端破裂	• 爆震燃烧是绝缘体破裂的主要原因	• 损坏其他发动机零部件	
瓷件大头爬电	• 绝缘体上出现垂直于铁壳方向黑色燃烧痕迹	• 安装不好。 • 火花塞连接线套老化	• 发动机失火	

绳锯木断，水滴石穿。

任务测评

一、知识测评

确定本任务关键词，按重要程度进行关键词排序并举例解读。

根据自己对重要信息捕捉、排序、表达、创新和划分权重能力进行自评，见表 4-2-2，满分 100 分。

表 4-2-2　拆检火花塞知识测评表

序号	关键词	举例解读	评分自定
1			
2			
3			
4			
5			
总分			

二、能力测评

对表 4-2-3 所列作业内容，操作规范即得分，操作错误或未操作即零分。

表 4-2-3　拆检火花塞能力测评表

序号	能力点	配分	得分
1	前期准备	10	
2	清洁火花塞	10	
3	拆下火花塞	20	
4	断开喷油器线束连接器	20	
5	检查火花塞	20	
6	安装火花塞	20	
总分		100	

三、素养测评

对表 4-2-4 所列素养点，做到即得分，未做到即零分。

表 4-2-4　拆检火花塞素养测评表

序号	素养点	配分	得分
1	设备和工具安全检查	20	
2	车辆安全防护	20	
3	工具清洁、校准、存放	20	
4	工量辅具、零部件、油水液体“三不落地”	20	
5	工位“5S”	20	
总分		100	

四、拓展训练

（1）请列举出在拆检火花塞过程中易出现的问题，分析产生问题的原因并制定解决问题的措施。

（2）由于车辆更新换代较快，请查看实训室现有车辆，试根据维修手册制定拆检火花塞流程并进行检测。

（3）请按照下列思维导图格式（见图 4-2-11），总结拆检火花塞的学习收获，搜集两个火花塞的故障现象，用思维导图分析故障可能原因，并写成 500 字各一篇案例。

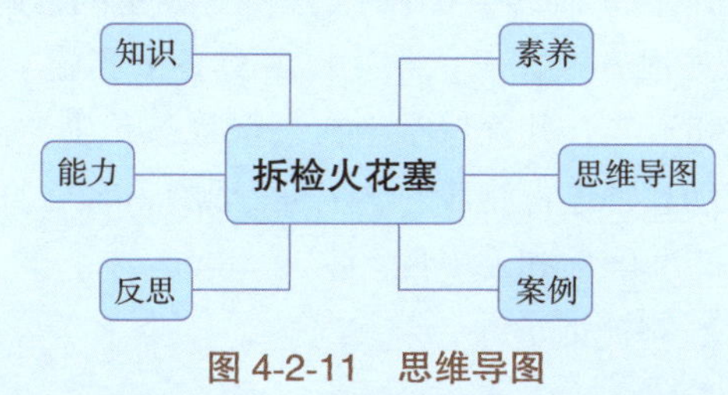

图 4-2-11　思维导图

学习笔记

学习考评

一、考评项目

根据所学，请对 2007 款卡罗拉 1.6 L/AT 轿车点火系统检修，完成考评报告。

二、实施准备

1. 学生准备

学生在按照教学进度计划，已经完成了以下学习任务并达到了 75 分以上，可进行该学习考评的实施。

（1）理解并完成学习考评需要的职业知识和方法的学习，得分大于 75 分。

（2）运用学习考评需要的职业知识和方法进行作业，得分大于 75 分。

（3）按时、按质、按量完成相应作业，得分大于 80 分。

（4）具有自觉遵守技术标准和要求规定、规范操作、安全、环保、“5S”作业、团结协作的好习惯，得分大于 80 分。

（5）能制定 2007 款卡罗拉 1.6 L/AT 轿车点火系统检修方案。

2. 教师准备

（1）在安排学生实施学习考评前，通过课堂问题研讨、作业、实训和考核及其他方式，确认学生已经具备了实施学习考评所需的知识、技能和素养，并确保学生在安全状态下独立进行。

（2）对协助教师进行测评的学生进行测评和监督方法的培训，确保测评结果的准确性和公平性。

（3）准备好测评记录。

三、验证方法与标准

（1）每位测评人员负责对两名学生进行定点、全过程的监控和测评。

（2）详细记录学生在实施学习考评过程中的相关信息、数据、结果、操作方法、完成时间，以及出现错误、事故等情况。

（3）学习考评的作业过程和数据记录等，要求在 90 min 内完成，时间不足，可在即将结束时，口述剩余部分的作业方法。

（4）考核内容及评分标准见下表。

考核内容及评分标准

序号	评分项	得分条件	评分标准	配分	扣分
1	安全 / 5S/ 态度	□ 1. 能进行工位 5S 操作 □ 2. 能进行设备和工具安全检查 □ 3. 能进行车辆安全防护操作 □ 4. 能进行工具清洁校准存放操作 □ 5. 能进行三不落地操作	未完成 1 项扣 3 分，扣分不得超 15 分	15	
2	专业技能能力	□ 1. 能正确断开蓄电池负极电缆 □ 2. 能正确取下发动机罩盖 □ 3. 能正确断开点火线圈线束连接器 □ 4. 能正确拆卸点火线圈固定螺栓 □ 5. 能正确取下点火线圈 □ 6. 能正确检查检查点火线圈线束连接器 □ 7. 能正确检查点火线圈外观	未完成 1 项扣 5 分，扣分不得超 50 分	50	

学习笔记

续表

序号	评分项	得分条件	评分标准	配分	扣分
2	专业技能能力	□ 8. 能正确检查点火线圈与火花塞套接部位橡胶 □ 9. 能正确检查点火线圈与火花塞套接部位有无锈蚀、烧蚀 □ 10. 能正确插入点火线圈 □ 11. 能正确安装点火线圈固定螺栓 □ 12. 能正确连接点火线圈线束连接器 □ 13. 能正确使用吹气抢依次吹拂火花塞安装孔 □ 14. 能正确拆下火花塞 □ 15. 能正确断开喷油器线束连接器 □ 16. 能正确检查螺纹 □ 17. 能正确检查陶瓷 □ 18. 能正确检查火花塞与点火线圈套接部位是否锈蚀或烧蚀 □ 19. 能正确检查火花塞电极状况 □ 20. 能正确使用塞尺对火花塞间隙进行检查 □ 21. 能正确安装火花塞	未完成1项扣5分，扣分不得超50分	50	
3	工具及设备的使用能力	□ 1. 能正确选用维修工具 □ 2. 能正确使用维修工具拆装 □ 3. 能正确使用测量工具 □ 4. 能正确使用专用工具 □ 5. 能熟练使用办公软件	未完成1项扣5分，扣分不得超10分	10	

续表

序号	评分项	得分条件	评分标准	配分	扣分
4	资料、信息查询能力	□ 1. 能正确使用维修手册查询资料 □ 2. 能正确使用用户手册查询资料 □ 3. 能在规定时间内查询所需资料 □ 4. 能正确记录查询资料章节页码 □ 5. 能正确记录所需维修信息	未完成1项扣2分，扣分不得超10分	10	
5	数据判读和分析能力	□ 1. 能判断点火线圈是否需要维修或更换 □ 2. 能判断火花塞是否需要维修或更换	未完成1项扣5分，扣分不得超10分	10	
6	表单填写与报告的撰写能力	□ 1. 字迹清晰 □ 2. 语句通顺 □ 3. 无错别字 □ 4. 无涂改 □ 5. 无抄袭	未完成1项扣1分，扣分不得超5分	5	
合计				100	

四、考评报告

说明：考评分为理论考评和实操考评，理论考评根据项目要求以及考评模板格式制定项目实施方案，方案经教师审核合格后，方可进行实操考评。考评报告模板详见附录A。

学习笔记

拓展阅读——点火系统发展史

从有第一辆汽车开始至今，汽车的点火系统就在不断的优化，在汽油机发动机，燃烧室的火花塞两极间加上直流电压后，电极间的气体便发生电离现象，随着两极间的间隙被击穿而产生电火花，并点燃气缸内压缩后的混合气。

点火系随着科技的不断发展以点火脉冲触发方式的不同，经历了触点式点火系、电子点火系和微机控制的电子点火系统 3 个历程。

一、触点式点火系统

在汽车早期的第一代点火系统中，触点式点火系统是最早的阶段，它主要是通过凸轮驱动的机械触点来进行控制初级的电路通断，而最终达到在次级回路上产生 15 ～ 25 kV 的高压电。这种高压电可以把火花塞电极间隙击穿从而产生电火花，把可燃的混合气点燃。

触点式点火系统优点是维护方便、价格便宜和结构简单，缺点是触点非常容易产生电火花，烧蚀触点，易高速失火让发动机在运行时无力和抖动。

二、电子式点火系统

集成电路的产生，催生了发动机电子式点火系统。集成电路构成的点火模块的触发信号都发送给点火控制器的控制端，让电子开关的通断得到控制。电子开关不会有接触不良的反应，而且触点的两端也不会产生火花，这样触点式的点火系统中的缺点得到了改进，但还是不能够精确地控制点火提前角，因为电子式点火系统的点火提前角是由点火模块根据发动机转速进行自动调节，调节的精度决定于点火模块的复杂程度。为了简化线路，有的点火模块就对提前角实行分段控制，即在一定的速度范围内，用同一个提前角控制；在下一个速度范围内是，就用另一个提前角控制。因此才会产生不精确的控制。

三、微机控制的点火系统

随着微型计算机的迅猛发展，由微电脑控制的发动机已经取代了点火模块的功能。微电脑强大快捷的计算功能和控制功能，能随时检测发动机的转速、水温、爆震信号、负荷的变化以及自动变速箱的工作状况随时根据需要改变点火提前角，达到精确控制的目的。

思考

今天我们习以为常的发动机点火系统历经 3 个发展阶段，转眼百年消逝，回首看去，不禁令人唏嘘慨叹，但技术进步没有止境，请以宝马为例，探寻一下发动机最新点火技术发展到什么水平了？关注红旗、吉利、奇瑞等国产品牌发动机点火系统技术进展，为他们加油！

学习笔记

学习笔记

项目五　检修照明仪表装置

一、项目描述

完成 2007 款卡罗拉 1.6 L/AT 轿车照明仪表装置检修作业。

二、项目要求

符合 2007 款卡罗拉 1.6 L/AT 轿车维修手册要求与标准，正确使用工具，完成如下职业行动：

（1）拆装汽车前照灯。

（2）拆装汽车仪表板。

三、学习目标

（1）准确描述汽车照明系统的位置、作用。

（2）准确描述汽车仪表的位置、作用。

（3）准确描述前照灯的拆装方法。

（4）准确描述汽车仪表板的拆装方法。

（5）规范地对前照灯进行拆装作业。

（6）规范地对汽车仪表板进行拆装作业。

（7）养成自觉遵守技术标准和要求规定、规范操作、安全、环保、“5S”作业的好习惯。

（8）养成勤勉精进的习惯。

（9）体会并提取安全气囊发展史里的创新要素。

四、学习载体

2007 款卡罗拉 1.6 L/AT 轿车照明系统如下图。

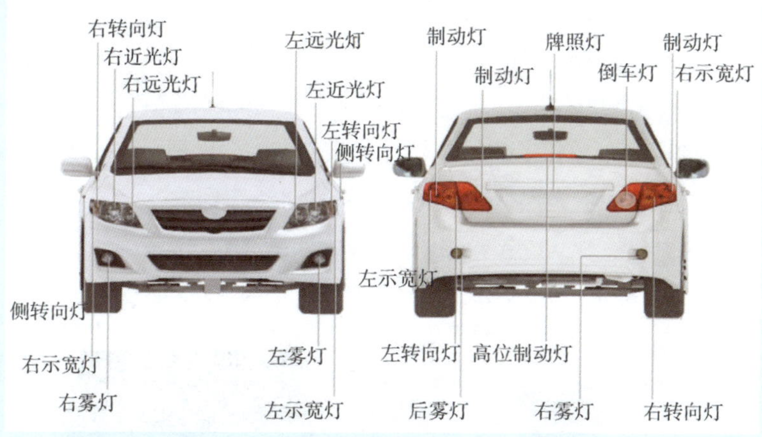

汽车照明系统

为了保证汽车在各种条件下安全行驶，尤其是夜间行车为驾驶人提供良好的视觉环境，以及引起周边车辆和行人的注意，在汽车上装有各种照明灯、信号灯、仪表和报警装置。汽车灯光系统按照用途可分为照明灯、信号灯或指示灯。

随着车辆行驶速度的不断提高，汽车灯光系统成为汽车非常重要的安全部件，保证汽车灯光系统良好的技术状况是行车的必要条件，尤其前照灯及信号灯对于安全行车十分重要。因此，必须对汽车灯光系统进行检查、检测与调整，以便及时发现和排除故障，确保灯光系统的工作性能良好，保证行车安全。

学习笔记

学习笔记

任务一　拆装汽车前照灯

职业行动

步骤一：作业准备

1. 作业场地

选择带有消防设施的作业场地。

2. 设备设施

2007 款卡罗拉 1.6 L/AT 汽车、零件车、垃圾桶。

3. 工量辅具（见表 5-1-1）

表 5-1-1　拆装前照灯工量辅具

套筒扳手组合套具	翼子板三件套
举升机	扭力扳手

4. 耗材

清洁布、劳保手套。

职业知识

汽车照明系统作用

- 保证汽车在各种条件下安全行驶。
- 为驾驶人提供良好的视觉环境。
- 引起周边车辆和行人的注意

汽车照明系统分类

类型	作用	灯具
照明灯	• 为驾驶人、乘客提供照明	• 前照灯、雾灯、倒车灯、牌照灯
信号灯	• 显示车辆的存在和传达车辆行驶状态	• 转向灯、制动灯

汽车外部照明灯

名称	作用	位置	工作特性
前照灯	• 照亮车前的道路和物体，确保行车安全。 • 远光和近光交替变换，避免夜间会车时使对方驾驶人眩目	• 车辆前部	• 白色常亮
雾灯	• 前雾灯：雨雾天气行车时照明。 • 后雾灯：警示尾随车辆保持安全间距	• 前雾灯：车辆前部，比前照灯稍低。 • 后雾灯：车辆尾部	• 黄色常亮
倒车灯	• 当变速器挂倒挡时，警告车后的行人和后面车辆驾驶人注意。 • 车后侧照明	• 车辆尾部	• 白色常亮
牌照灯	• 后牌照照明，确保行人在车后看清牌照上的文字及数字	• 车辆尾部牌照上方或左右两侧	• 白色常亮

没有创新就没有未来。

步骤二：断开蓄电池负极电缆

（1）关闭点火开关。

（2）根据维修手册规定选用 10 mm 套筒棘轮扳手。正确使用工具断开蓄电池负极端子电缆。

步骤三：拆卸前照灯

（1）断开前照灯连接器，见图 5-1-1。

（2）使用 T20 套筒、棘轮扳手，拆卸前保险杠上部 4 颗固定螺钉，见图 5-1-2。

图 5-1-1　断开前照灯连接器

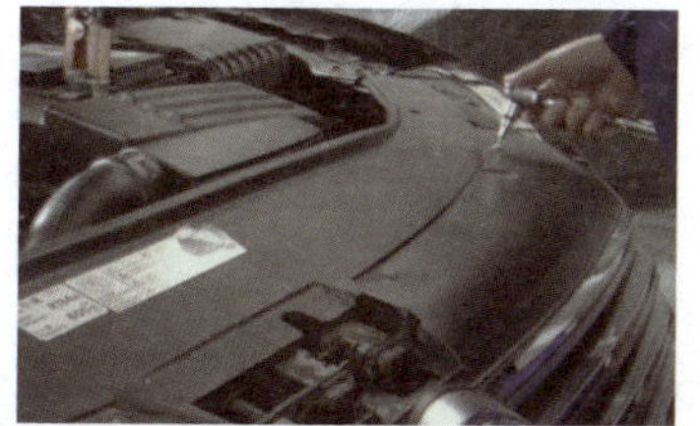
图 5-1-2　拆卸前保险杠上部螺钉

（3）拆卸右前轮挡泥板与保险杠两颗固定螺钉，见图 5-1-3。

（4）拆卸右前保险杠与翼子板固定螺钉，见图 5-1-4。

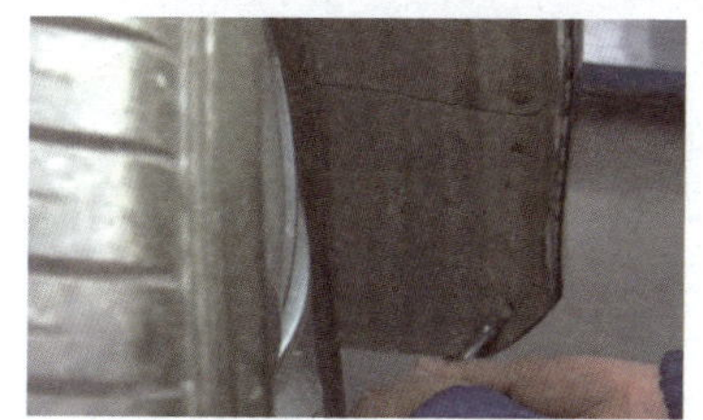
图 5-1-3　拆卸保险杠固定螺钉

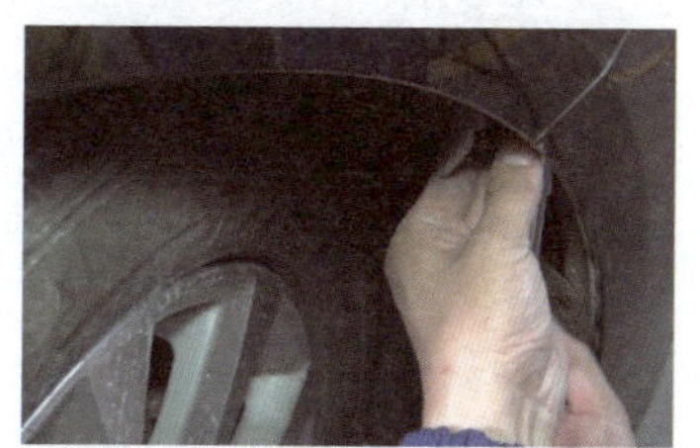
图 5-1-4　拆卸保险杠与翼子板固定螺钉

汽车外部信号灯

名称	作用	位置	工作特性
转向信号灯	• 表示汽车的趋向，提醒周围车辆和行人注意。 • 按下危险报警开关，所有转向信号灯同时闪烁，表示车辆遇紧急情况，请求其他车辆避让	• 车辆前部 • 车辆后部 • 车辆两侧	• 黄色闪烁 • 闪光频率（1.5 ± 0.5）Hz
示宽灯（小灯）	• 前示位灯示意车辆轮廓和存在。 • 后示位灯向后面的车辆或行人提供位置信息	• 车辆前部 • 车辆尾部	• 白色或黄色
制动灯	• 踩下制动踏板时，向后部车辆发出信号，提醒后方车辆或行人注意	• 高位制动信号灯，装在后窗中心线 • 车辆尾部	• 红色高亮
驻车灯	• 夜间驻车时，将驻车灯接通，标志车辆形位	• 车辆前部 • 车辆尾部	• 车前白色 • 车尾红色

汽车内部照明灯

名称	作用	位置	工作特性
仪表灯	• 仪表照明，以便于驾驶人获取行车信息和进行正确操作	• 汽车仪表板上	• 白色常亮
顶灯	• 车内照明	• 驾驶室车厢顶部	• 白色常亮
门灯	• 车门开启时，照亮室内脚下部分和室外落脚部分。 • 无专用开关，与车门联动	• 车门下部	• 白色常量
行李箱灯	• 夜间行李箱照明	• 行李箱内	• 白色常亮
化妆镜照明灯	• 打开镜面挡板的同时触发灯光开关	• 遮阳板内	• 白色常亮

学习笔记

视频
5-1 拆装前照灯

学习笔记

（5）使用相同的方法拆卸左前保险杠固定螺钉。

（6）按举升机操作规范，将车辆举升至合适位置。

（7）使用 T20 套筒拆卸前保险杠下部 7 颗固定螺钉，见图 5-1-5。

（8）降下车辆。

（9）拆下汽车前保险杠，见图 5-1-6。

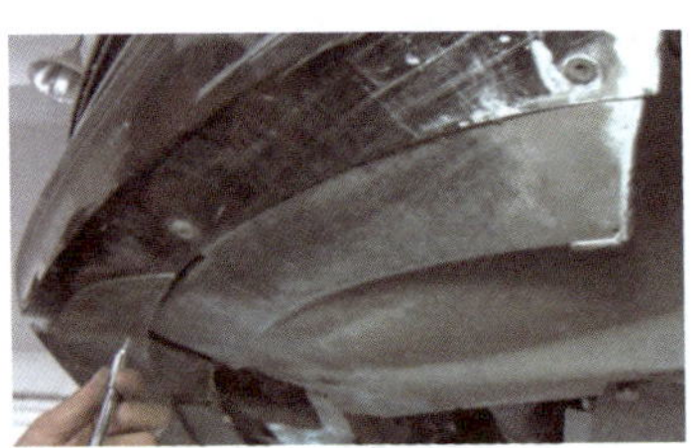

图 5-1-5　拆卸前保险杠下部固定螺钉

图 5-1-6　拆下汽车前保险杠

（10）轻轻拔出前照灯静态转向灯和雾灯连接器，并拆下前照灯线束。

（11）使用 T20 套筒，拆卸前照灯顶部固定螺钉，见图 5-1-7。

（12）使用 10 mm 套筒、棘轮扳手拆卸前照灯三颗固定螺栓，见图 5-1-8。

图 5-1-7　拆卸前照灯顶部固定螺钉

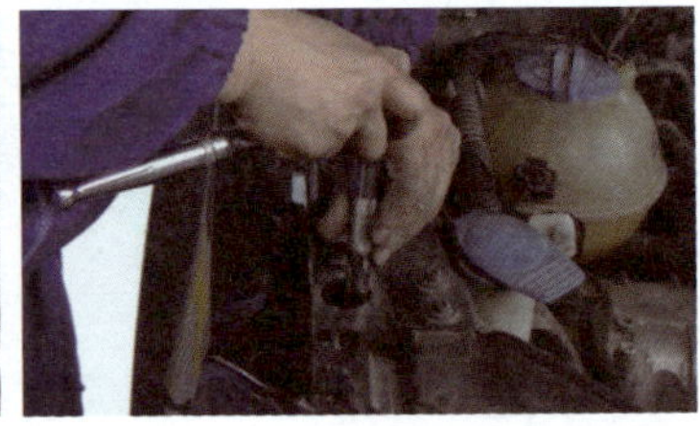

图 5-1-8　拆卸前照灯固定螺栓

（13）取下前照灯。

汽车前照灯

位置	• 装于汽车头部两侧。
作用	• 照亮前方道路。 • 给对面来车作为识别信号
要求	• 应保证车前有明亮而均匀的照明。 • 具有足够的亮度和照明范围，使驾驶人能看清车前 100 m 内路面。 • 具有防止眩目的装置，以免夜间两车交会时，对面来车驾驶人眩目

汽车前照灯结构

灯泡	• 照明系统的光源。
反射镜	• 灯泡的光线经反射镜反射后变成平行光束射向远方，光度增强几百倍至上千倍。
配光镜	• 棱镜和透镜的组合，将反射镜反射出的平行光束进行折射，将以扩大光线的照射范围

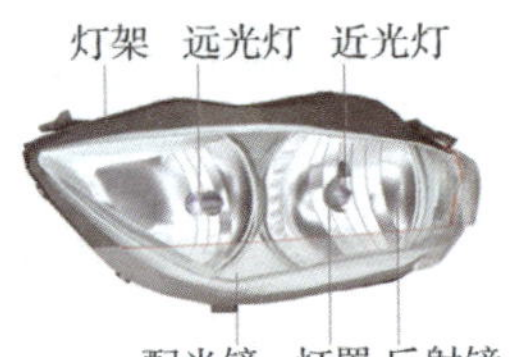

汽车前照灯工作原理

- 远光：主光束灯丝，发出的灯光经灯罩反射镜反射后径直向前射去。
- 近光：偏光束灯丝，发出的光被遮光板挡到灯罩反射镜子的上半部分，其反射出去的光线都是朝下漫射向地面，不会给对面来车的驾驶人造成眩目

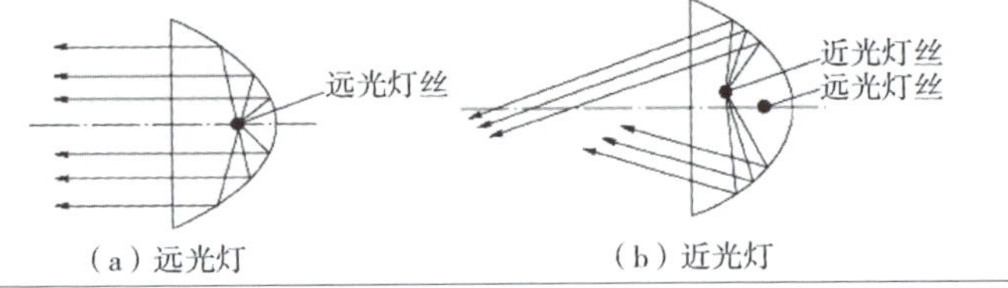

步骤四：拆解前照灯

（1）拆卸 2 号前照灯灯泡。逆时针旋转 2 号前照灯灯泡，使其松动；向外取出 2 号前照灯灯泡，见图 5-1-9。

注意事项：不要用手指触摸灯泡玻璃。

（2）拆卸示宽灯灯泡。逆时针旋转示宽灯灯座，使其松动。将示宽灯灯泡和灯座作为一个整体向外取出，见图 5-1-10。

图 5-1-9　取出 2 号前照灯灯泡

图 5-1-10　拆卸示宽灯灯泡

（3）拆卸 1 号前照灯灯泡。逆时针旋转 1 号前照灯灯泡，使其松动；向外取出 1 号前照灯灯泡，见图 5-1-11。

（4）拆卸前转向信号灯灯泡。逆时针旋转前转向信号灯灯座，使其松动；将前转向信号灯灯泡和灯座作为一个整体向外取出，见图 5-1-12。

图 5-1-11　拆卸 1 号前照灯灯泡

图 5-1-12　拆卸前转向信号灯灯泡

汽车外部信号灯

类型	结构原理	特点	外形
卤钨灯泡	• 填充气体内含有部分卤族元素或卤化物的充气白炽灯	• 在相同功率下，卤钨灯的亮度为白炽灯的 1.5 倍。 • 寿命比白炽灯长 2～3 倍	卤素气体 钨丝
氙气灯泡	• 氙气灯灯泡内充入高压氙气。 • 2 万 V 以上的高压脉冲电加在石英灯泡内的金属电极之间，激励灯泡内的物质在电弧中电离产生光亮	• 亮度高。 • 寿命长。 • 能耗低	电极 氙气 陶瓷管 石英管
LED 灯	• 利用发光二极管，一种固态的半导体器件，它可以直接把电转化为光	• 能耗低、寿命长。 • 结构简单。 • 抗冲击性、抗震性好。 • 适应性好	

学习笔记

学习笔记

（5）拆卸前照灯光束高度调整电动机。

① 逆时针旋转前照灯光束高度调整电动机总成，脱离固定卡槽，见图 5-1-13。

② 按照维修手册规定选择棘轮扳手、接杆、8 mm 套筒。正确使用工具，拧松前照灯光束高度调整电动机总成对光螺钉，使其与固定轴脱开；向外取出前照灯光束高度调整电动机总成，见图 5-1-14。

图 5-1-13　旋转光束高度调整电动机总成

图 5-1-14　取出前照灯光束高度调整电动机

（6）拆卸前照灯支架。

① 按照维修手册规定，选择十字螺丝刀。正确使用工具拧松并旋出前照灯左支架螺钉；取下前照灯左支架，见图 5-1-15。

② 拧松并旋出前照灯支架螺钉；取下前照灯支架，见图 5-1-16。

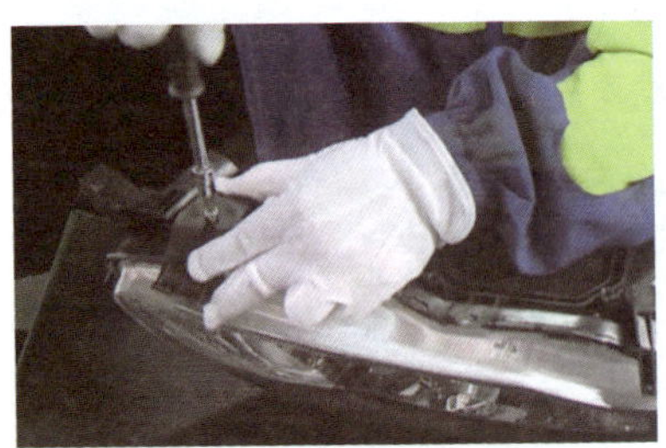
图 5-1-15　取下前照灯左支架

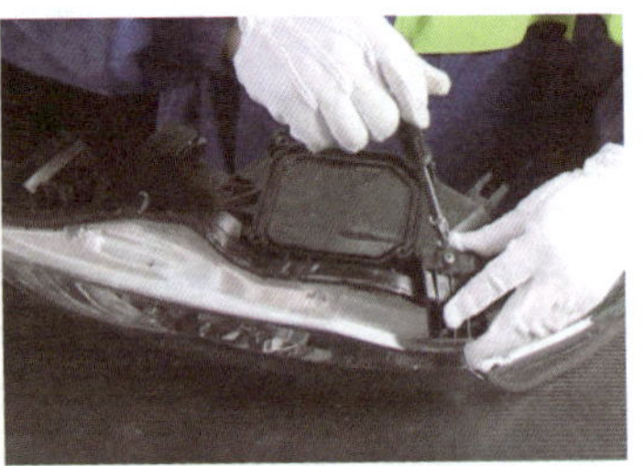
图 5-1-16　取下前照灯支架

汽车灯光组合开关

项目	说明
作用	• 控制示宽灯、前照灯、远近光、转向灯、前雾灯
位置	• 转向盘下方的转向柱上
示宽灯	• 向上拧动手柄一下，将“-”对准
近光灯	• 向上拧动手柄两下，将“-”对准
变光	• 远光灯点亮模式。向驾驶人方向拉动手柄，近光灯变成远光灯，松开手后变回近光灯。 • 远光灯常亮模式。向车窗方向推动手柄，远光灯常亮，松开手后远光灯保持常亮
转向	• 顺时针方向扳动手柄，右转向灯工作。 • 逆时针方向扳动手柄，左转向灯工作
前雾灯	• 拧动手柄，将“-”对准“ON”

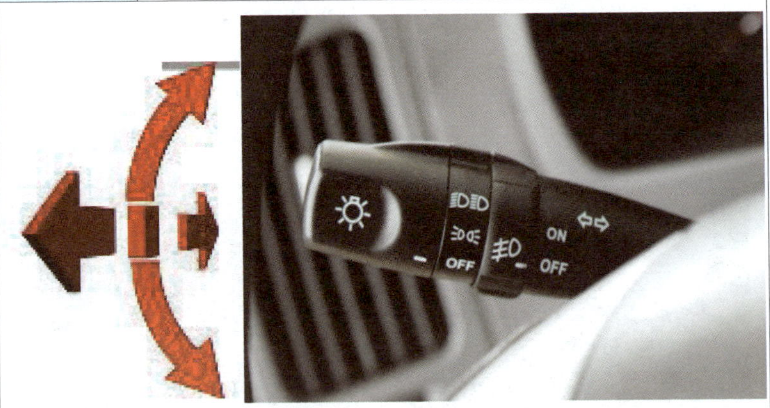

没有创新就没有未来。

步骤五：安装前照灯

（1）将前照灯总成装回指定位置，并将螺栓固定。

（2）使用 10 mm 套筒棘轮扳手预紧前照灯 3 颗固定螺栓。

（3）按照维修手册规定使用扭力扳手，按照 6 N · m 扭矩拧紧前照灯 3 颗固定螺栓。

（4）使用 T20 套筒、棘轮扳手拧紧一颗前照灯顶部固定螺钉。

（5）连接前照灯连接体。

（6）连接雾灯和静态转向灯连接器。

（7）安装前照灯线束。

（8）两人配合将汽车前保险杠在车辆上安装到位。

（9）使用 T20 套筒、棘轮扳手安装前保险杠上部 4 颗固定螺钉。

（10）按举升机操作规范将车辆举升至合适位置。

（11）使用 T20 套筒紧固右前保险杠与翼子板固定螺钉。

（12）安装右前挡泥板与保险杠 2 颗固定螺钉。

（13）使用同样的方法紧固汽车左侧前保险杠和挡泥板固定螺钉。

（14）使用 T20 套筒，紧固汽车前保险杠下部 7 颗螺钉。

（15）按照举升机操作规范降下车辆。

（16）关闭发动机舱盖。

汽车外部信号灯

随动转向灯光系统	• 前照灯的光轴根据车速以及转向盘转向角度，自动调整近光灯的照射中心，自动指向入弯，确保弯道中的高能见度。 • 在后排载重较大导致车身角度上扬时，系统自动调整光轴倾角，避免光轴上扬对对面来车驾驶人的干扰。 • 转向时弯道内侧的雾灯将亮起，照明弯道死角，提高安全性
会车自动变光	• 夜间行车在会车过程中，能自动将前照灯的远光变为近光，或由近光变为远光，造成迎面驾驶人炫目
回家照明	• 熄火停车后前照灯还将在设置时间段内保持照明。为驾驶人下车离去时提供一段照明时间
动身照明	• 用遥控器解锁车门时如果环境较黑暗则灯将打开
昏暗自动照明	• 当汽车前方自然光的强度减低到一定程度，前照灯电路自动接通，开灯行驶以确保行车安全
前照灯的清洁	• 可伸缩的前照灯洗涤装置则可以方便地通过按下仪表盘上的按钮快速地清洗灯罩上的污物，及时恢复照明度

学习笔记

学习笔记

任务测评

一、知识测评

确定本任务关键词，按重要程度进行关键词排序并举例解读。

根据自己对重要信息捕捉、排序、表达、创新和划分权重能力进行自评，见表 5-1-2，满分 100 分。

表 5-1-2　拆装汽车前照灯知识测评表

序号	关键词	举例解读	评分自定
1			
2			
3			
4			
5			
总分			

二、能力测评

对表 5-1-3 所列作业内容，操作规范即得分，操作错误或未操作即零分。

表 5-1-3　拆装汽车前照灯能力测评表

序号	能力点	配分	得分
1	前期准备	10	
2	断开蓄电池负极电缆	10	
3	拆卸前照灯	30	
4	拆解前照灯	30	
5	安装前照灯	20	
总分		100	

三、素养测评

对表 5-1-4 所列素养点，做到即得分，未做到即零分。

表 5-1-4　拆装汽车前照灯素养测评表

序号	素养点	配分	得分
1	设备和工具安全检查	20	
2	车辆安全防护	20	
3	工具清洁、校准、存放	20	
4	工量辅具、零部件、油水液体“三不落地”	20	
5	工位“5S”	20	
总分		100	

四、拓展训练

（1）请列举出在拆装汽车前照灯过程中易出现的问题，分析产生问题的原因并制定解决问题的措施。

（2）由于车辆更新换代较快，请查看实训室现有车辆，试根据维修手册制定拆装汽车前照灯的流程并进行检测。

（3）请按照下列思维导图格式（见图 5-1-17），总结拆装汽车前照灯的学习收获，搜集 2 个前照灯的故障现象，用故障树分析可能原因，并写成 500 字各一篇案例。

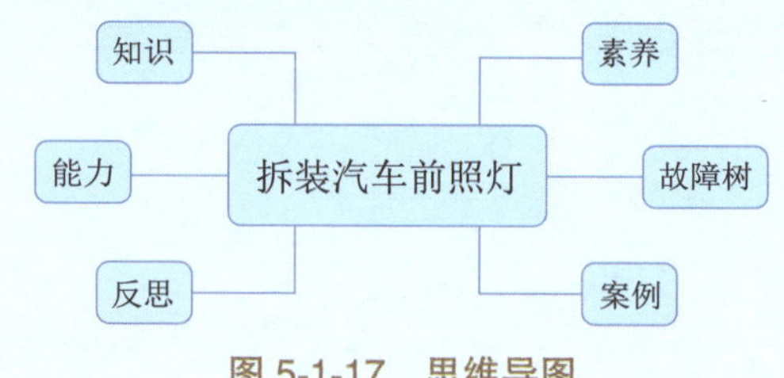

图 5-1-17　思维导图

没有创新就没有未来。

任务二　拆装汽车仪表板

职业行动

步骤一：作业准备

1. 作业场地

选择带有消防设施的作业场地。

2. 设备设施

2007 款卡罗拉 1.6 L/AT 轿车、零件车、垃圾桶。

3. 工量辅具（见表 5-2-1）

表 5-2-1　拆装仪表板工量辅具

套筒扳手组合套具	翼子板三件套
扭力扳手	

4. 耗材

清洁布、劳保手套、保护胶带。

职业知识

汽车仪表板

作用	• 电子化仪表能迅速、准确地以数字、文字或图形的形式提供大量复杂的信息，醒目、直观，方便驾驶人更好地了解汽车运行参数信息

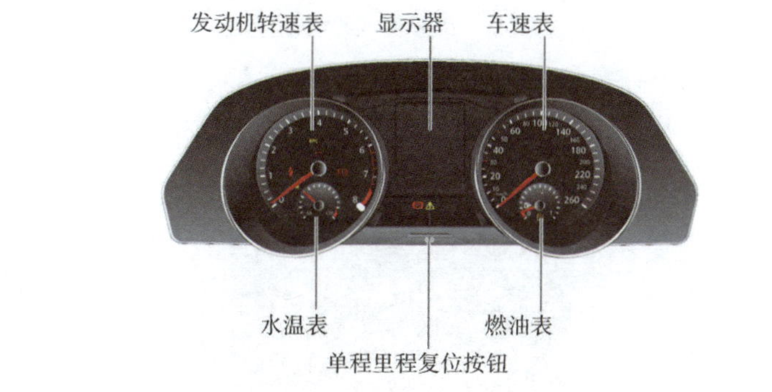

仪表指示灯分类

指示灯	• 提示车辆各功能的状况	• 灯光信号灯、转向信号灯、驻车灯等
警示灯	• 具有警示功能，一般警示灯在驾驶人进行相应动作后熄灭	• 燃油指示灯、车门状态指示灯、安全带指示灯等
故障灯	• 起动发动机时，车辆自检会点亮片刻后熄灭，如果故障指示灯常亮，表明车辆已经出现故障或者异常	• 发电机故障指示灯、ABS 故障指示灯、变速箱故障指示灯等

学习笔记

视频

5-2 组合仪表指示灯

视频

5-3 拆装组合仪表

学习笔记

步骤二：拆卸仪表总成

1. 断开蓄电池负极电缆

拧松蓄电池负极电缆固定螺栓，断开蓄电池负极电缆并等待 10 min，见图 5-2-1。

图 5-2-1　断开蓄电池负极电缆

2. 拆卸方向盘总成

（1）使用头部缠有保护胶带的一字螺丝刀分离转向柱装饰板，见图 5-2-2。

图 5-2-2　分离转向柱装饰板

（2）翻起转向柱装饰板上盖，见图 5-2-3。

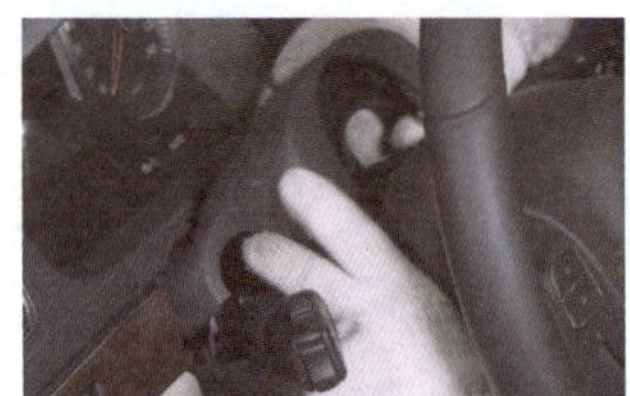

图 5-2-3　翻起转向柱装饰板上盖

（3）使用专用拆卸工具，依次脱开三处方向盘气囊锁扣。

仪表盘图标

发动机机油量警告灯	发动机故障灯	安全气囊警告灯	车身稳定控制系统关	车身稳定控制系统指示灯
机油压力警告灯	制动系统警告灯	水温报警指示灯	巡航控制指示灯	ABS 防抱死系统
转向指示灯	远光灯指示灯	前照明指示灯	前雾灯指示灯	后雾灯指示灯
车门未关闭指示灯	车辆保养提示灯	安全带指示灯	后窗加热指示灯	清洗液液位低故障灯
钥匙未被识别指示灯	发动机关闭指示灯	换挡指示灯	发动机舱盖打开指示灯	燃油表 / 加油口盖位置

（4）缓慢取出气囊总成。

（5）打开保险，断开气囊线束插接器，见图 5-2-4。

图 5-2-4　断开气囊线束插接器

（6）断开方向盘线束接插器，见图 5-2-5。

图 5-2-5　断开方向盘线束接插器

（7）取下安全气囊总成并正确摆放。

（8）使用花键套筒和扳手拧松方向盘固定螺栓，见图 5-2-6。

（9）旋出固定螺栓并取下。

图 5-2-6　拧松方向盘固定螺栓

仪表盘图标（续）

驾驶人疲劳指示灯	下坡行驶辅助指示灯	制动踏板未踩下指示灯	车身太低警告灯	冷却液液位过低警告灯
 AT	 AFS OFF		 ?	 ABC
自动变速器报警信号灯	自适应前照灯系统关闭	减振器调节指示灯	钥匙未在车内指示灯	ABC 主动车身控制系统
 !	 (P) AUTOH			 eco
车窗防夹功能指示灯	自动手刹指示灯	盲区监测指示灯	车道保持指示灯	燃油经济性指示灯
	 LIMIT	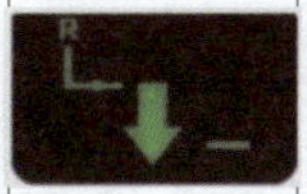 R	 SPORT	 ABS (!) BRAKE
电子方向盘锁止警告灯	超出限速警告灯	发动机转速低指示灯	运动模式指示灯	刹车温度过高警告灯
 START				 TPMS
踩制动 / 离合踏板指示灯	汽车需要维修警告灯	灯泡损坏故障灯	燃油滤清器警告灯	轮胎压力监测指示灯

学习笔记

学习笔记

（10）使用记号笔在转向柱及方向盘上制作拆装记号，见图 5-2-7。

（11）取下方向盘。

（12）使用保护胶带固定螺旋电缆，见图 5-2-8。

图 5-2-7　制作拆装记号

图 5-2-8　用保护胶带固定螺旋电缆

3. 拆卸仪表总成

（1）拆卸转向柱上盖，见图 5-2-9。

（2）使用花键套筒、接杆和棘轮扳手拧松仪表固定螺栓，见图 5-2-10。

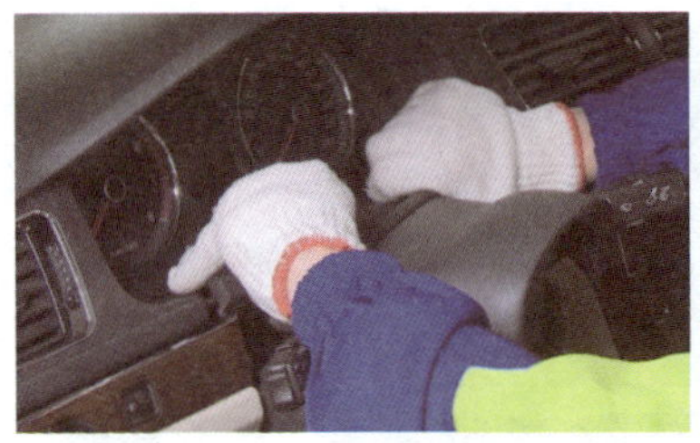

图 5-2-9　拆卸转向柱上盖

图 5-2-10　拧松仪表固定螺栓

仪表盘图标（续）

			DTC	
胎压低警告灯	可调空气悬架指示灯	驻车辅助指示灯	DTC、DSC 指示灯	坡道起步辅助警告灯
			SHIFT	
VSA 车辆稳定控制系统	天窗防夹功能指示灯	传动系统警告灯	升挡提示灯	变速箱温度过热警告灯
	TCS			
低压轮胎位置指示灯	TCS 牵引力控制系统	系统信息指示灯	智能卡式遥控钥匙系统	AFS 自适应前照灯
PS		EPS		
动力转向警告灯	低水温指示灯	EPS 电子转向助力系统	刹车片磨损指示灯	转向系统警告灯
			R +	
点火警告灯	空调滤清器故障灯	灯泡损坏故障灯	发动机转速高指示灯	车距警告灯

蜜蜂的伟大不仅仅是勤劳，更在于采花成蜜，这是一种创造。

学习笔记

（3）旋出固定螺栓，取下固定螺栓。

（4）向外拉出仪表。

（5）打开连接器保险，断开仪表线束连接器，见图 5-2-11。

（6）取出仪表。

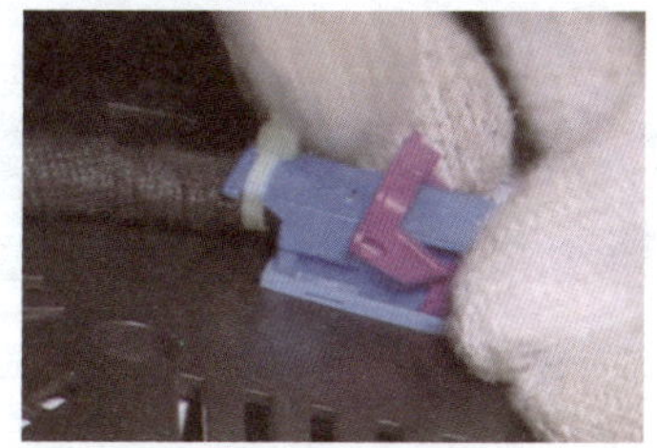

图 5-2-11　断开仪表线束连接器

步骤三：安装仪表总成

1. 安装仪表总成

（1）连接仪表线束连接器。

（2）确认保险锁止可靠，将新的仪表安装到仪表板上，确认仪表安装到位。

（3）旋入 2 颗仪表固定螺栓。

（4）紧固螺栓至规定力矩。

2. 安装方向盘总成

（1）取下保护胶带。

（2）安装转向柱装饰板上盖。

（3）对齐安装标记安装方向盘。

（4）将螺纹胶水涂抹到固定螺栓上。

（5）旋入固定螺栓并旋紧。

（6）固定方向盘，将螺栓紧固至规定力矩。

（7）连接方向盘线束接插器。

（8）复原气囊线束接插器，并确保其锁止可靠。对齐安装孔将安全气囊总成安装到位。

（9）接合转向柱装饰板。

仪表盘图标（续）

 发动机动力部分损失	 HDC 坡道车速控制系统	 限速警告指示灯	 燃油不足警告灯	 发动机功率控制系统
 安全气囊警告灯	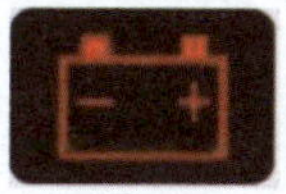 点火警告灯	 燃油液位低警告灯	 制动系统警告灯	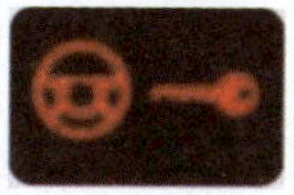 转向锁止系统故障灯
 转向助力系统故障灯	 驻车制动与制动油位提示灯	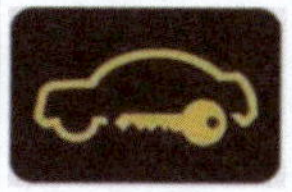 发动机电子防盗指示灯	 霜冻指示灯	 光线 / 雨量传感器故障灯
 自动变速箱油温警告灯	 智能进入和起动系统	 四驱系统警告灯	 系统故障警告灯	 换挡杆不可设置 P 挡指示灯
 自适应弯道灯故障指示灯	 动态稳定控制系统	 遥控器电量低警告灯	 发动机排放系统警告灯	 自适应大灯系统故障灯

学习笔记

3. 安装蓄电池负极电缆

（1）旋紧固定螺栓。

（2）将点火开关旋至 ON 挡。确认仪表指示灯都正常点亮。

（3）复检完成关，闭点火开关。

仪表盘图标（续）

超声波倒车辅助指示灯	向前碰撞预警提示灯	DBC 下坡制动控制系统	手动变速器换挡指示器	牵引力控制系统
转速限制功能指示灯	车窗刮水器指示灯	防盗起动锁止系统指示灯	牵引力关闭指示灯	电子驻车制动系统警告灯
车道保持辅助系统指示灯	遥控钥匙电量低指示灯	发动机未被关闭指示灯	动力蓄电池故障指示灯	发动机起动系统故障灯
发动机防盗锁止系统	清洗液液位低故障灯	钥匙不在车内提示灯	行李箱盖未关闭指示灯	EBD 电子制动力分配

任务测评

一、知识测评

确定本任务关键词，按重要程度进行关键词排序并举例解读。

根据自己对重要信息捕捉、排序、表达、创新和划分权重能力进行自评，见表 5-2-2，满分 100 分。

表 5-2-2　拆装汽车仪表板知识测评表

序号	关键词	举例解读	评分自定
1			
2			
3			
4			
5			
总分			

二、能力测评

对表 5-2-3 所列作业内容，操作规范即得分，操作错误或未操作即零分。

表 5-2-3　拆装汽车仪表板能力测评表

序号	能力点	配分	得分
1	断开蓄电池负极电缆	10	
2	拆卸方向盘总成	20	
3	拆卸仪表总成	20	
4	安装仪表总成	20	
5	安装方向盘总成	20	
6	安装蓄电池负极电缆	10	
总分		100	

三、素养测评

对表 5-2-4 所列素养点，做到即得分，未做到即零分。

表 5-2-4　拆装汽车仪表板素养测评表

序号	素养点	配分	得分
1	设备和工具安全检查	20	
2	车辆安全防护	20	
3	工具清洁、校准、存放	20	
4	工量辅具、零部件、油水液体“三不落地”	20	
5	工位“5S”	20	
总分		100	

四、拓展训练

（1）请列举出在拆装汽车仪表板过程中易出现的问题，分析产生问题的原因并制定解决问题的措施。

（2）由于车辆更新换代较快，请查看实训室现有车辆，试根据维修手册制定拆装汽车仪表板流程并进行检测。

（3）请按照下列思维导图格式（见图 5-2-12），总结拆装汽车仪表板的学习收获，搜集 2 个仪表板的故障现象，自己找 2 个同学组成一个小组，选择一个组长，运用讨论的方式，用流程图分析可能原因，并写成 500 字各一篇案例。

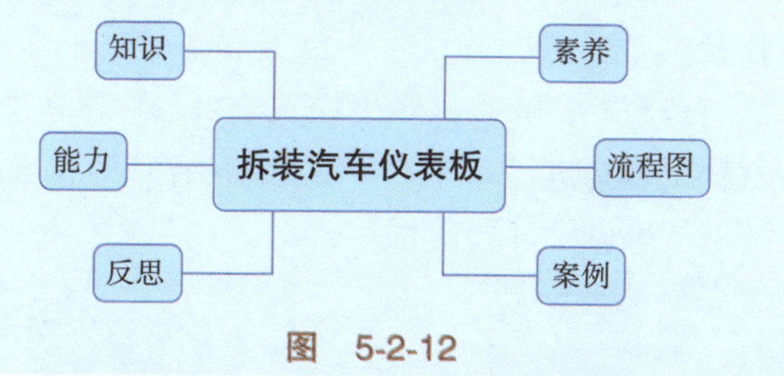

图　5-2-12

学习笔记

学习考评

一、考评项目

根据所学，请对 2007 款卡罗拉 1.6 L/AT 轿车的仪表板进行拆装，完成考评报告。

二、实施准备

1. 学生准备

学生在按照教学进度计划，已经完成了以下学习任务并达到了 75 分以上，可进行该学习考评的实施。

（1）理解并完成学习考评需要的职业知识和方法的学习，得分大于 75 分。

（2）运用学习考评需要的职业知识和方法进行作业，得分大于 75 分。

（3）按时、按质、按量完成相应作业，得分大于 80 分。

（4）具有自觉遵守技术标准和要求规定、规范操作、安全、环保、“5S” 作业、团结协作的好习惯，得分大于 80 分。

（5）能制定 2007 款卡罗拉 1.6 L/AT 轿车的仪表板拆装方案。

2. 教师准备

（1）在安排学生实施学习考评前，通过课堂问题研讨、作业、实训和考核及其他方式，确认学生已经具备了实施学习考评所需的知识、技能和素养，并确保学生在安全状态下独立进行。

（2）对协助教师进行测评的学生进行测评和监督方法的培训，确保测评结果的准确性和公平性。

（3）准备好测评记录。

三、验证方法与标准

（1）每位测评人员负责对两名学生进行定点、全过程的监控和测评。

（2）详细记录学生在实施学习考评过程中的相关信息、数据、结果、操作方法、完成时间，以及出现错误、事故等情况。

（3）学习考评的作业过程和数据记录等，要求在 90 min 内完成，时间不足，可在即将结束时，口述剩余部分的作业方法。

（4）考核内容及评分标准见下表。

考核内容及评分标准

序号	评分项	得分条件	评分标准	配分	扣分
1	安全 / 5S/ 态度	□ 1. 能进行工位 5S 操作 □ 2. 能进行设备和工具安全检查 □ 3. 能进行车辆安全防护操作 □ 4. 能进行工具清洁校准存放操作 □ 5. 能进行三不落地操作	未完成 1 项扣 3 分，扣分不得超 15 分	15	
2	专业技能能力	□ 1. 能正确断开蓄电池负极电缆 □ 2. 能正确拆卸前保险杠 □ 3. 能正确将车辆举升至合适位置 □ 4. 能正确拆下前照灯线束 □ 5. 能正确拆卸前照灯固定螺钉 □ 6. 能正确取下前照灯 □ 7. 能正确拆卸 2 号前照灯灯泡	未完成 1 项扣 5 分，扣分不得超 50 分	50	

学习笔记

续表

序号	评分项	得分条件	评分标准	配分	扣分
2	专业技能能力	□ 8. 能正确拆卸示宽灯灯泡 □ 9. 能正确拆卸 1 号前照灯灯泡 □ 10. 能正确拆卸前转向信号灯灯泡 □ 11. 能正确拆卸前照灯光束高度调整电动机 □ 12. 能正确拆卸前照灯支架 □ 13. 能正确安装前照灯 □ 14. 能正确拆卸方向盘总成 □ 15. 能正确拆卸仪表总成 □ 16. 能正确安装仪表总成 □ 17. 能正确安装方向盘总成 □ 18. 能正确安装蓄电池负极电缆	未完成 1 项扣 5 分，扣分不得超 50 分	50	
3	工具及设备的使用能力	□ 1. 能正确选用维修工具 □ 2. 能正确使用维修工具拆装 □ 3. 能正确使用测量工具 □ 4. 能正确使用专用工具 □ 5. 能熟练使用办公软件	未完成 1 项扣 2 分，扣分不得超 10 分	10	
4	资料、信息查询能力	□ 1. 能正确使用维修手册查询资料 □ 2. 能正确使用用户手册查询资料 □ 3. 能在规定时间内查询所需资料 □ 4. 能正确记录查询资料章节页码 □ 5. 能正确记录所需维修信息	未完成 1 项扣 2 分，扣分不得超 10 分	10	

续表

序号	评分项	得分条件	评分标准	配分	扣分
5	数据判读和分析能力	□ 1. 能判断近光灯泡是否需要维修或更换 □ 2. 能判断远光灯泡是否需要维修或更换 □ 3. 能判断转向灯泡是否需要维修或更换 □ 4. 能判断示宽灯灯泡是否需要维修或更换 □ 5. 能判断仪表盘是否需要维修或更换	未完成 1 项扣 5 分，扣分不得超 10 分	10	
6	表单填写与报告的撰写能力	□ 1. 字迹清晰 □ 2. 语句通顺 □ 3. 无错别字 □ 4. 无涂改 □ 5. 无抄袭	未完成 1 项扣 1 分，扣分不得超 5 分	5	
合计				100	

四、考评报告

说明：考评分为理论考评和实操考评，理论考评根据项目要求以及考评模板格式制定项目实施方案，方案经教师审核合格后，方可进行实操考评。考评报告模板详见附录 A。

学习笔记

拓展阅读——安全气囊发展史

汽车诞生之初,汽车和马车最大的区别就是发动机取代了马,一百年前的汽车没有安全配置。但是，随着汽车速度越来越快，发生交通事故越来越多，一些事故中由于惯性的作用使乘员发生二次碰撞，这对车内乘员伤害很大，车舱内的安全设计就显得越来越重要了。

1941 年就有了安全气囊的概念，1951 年，西德申请了第一个安全气囊专利，它基于一个压缩空气系统，由驾驶人控制触发机构，后续的研究表明，它的压缩空气系统不能使气囊迅速膨胀，因而不能提供有效的安全性。1953 年，美国人申请了汽车缓冲安全装置的美国专利，它的安全气囊打开方式源于鱼雷发射器中的压缩空气装置，上述安全气囊由于技术问题都未在汽车上实际装配应用。

1967 年,安全气囊的发展道路上实现了一个重大的技术突破,美国发明了可以感知事故发生的触发器。在解决气囊快速膨胀方面，用一个小型爆炸装置替代了压缩空气系统。这样，安全气囊距离实用性的距离更近了。在 20 世纪 70 年代初期，福特和通用汽车开始提供汽车配备安全气囊，美国政府成为装备安全气囊汽车的第一个用户，1973 年，通用汽车公司装配了第一款装备安全气囊的市售轿车。不过安全气囊的推广经历了一番周折,1977 年,安全气囊从配置单中消失了，因为当时消费者的主流观念认为它多余。

20 世纪 70 年代的消费者也不大喜欢系安全带,还有不少人认为有了安全气囊就更不需要安全带了。福特与通用汽车公司分别在 1971 年、1973 年建立了一个实验性的车队，这些车都配备了驾驶人安全气囊。通用的实验车队发生了 7 起造成死亡的交通事故，其中一起死亡事故的原因是安全气囊造成的，工程师发现在不系安全带的情况下，当事故发生时安全气囊不仅不能提供有效的安全防护，甚至加重了车内乘员的伤害。

1981 年,奔驰 S 级轿车配置单中新增加了一个选装安全配置,这套被称为 SRS 的安全系统由安全气囊和安全带组合而成，当系统传感器探测到有事故发生时，会自动拉紧安全带，减少驾驶人和前排乘客的前冲，同时安全气囊迅速膨胀最大程度减少乘员和驾驶人所受到的伤害。这样，让人们明白安全气囊并不是安全带的替代品，安全气囊和安全带配合使用可以提供更好的安全性。这种设计也成为了一个技术标准。

经过近 40 年的探索验证，20 世纪 90 年代初，安全气囊开始成为车辆的标准配置。

思考

任何一项技术都是由需求引发的，技术进步是为了更好地满足这种需求，安全行车是永恒的需求，在智能不断渗透的汽车技术进化过程中，请你画一张安全气囊未来发展图，如何能够最大限度保障驾乘人员的安全。

学习笔记

学习笔记

项目六　检修汽车电动辅助装置

一、项目描述

完成 2007 款卡罗拉 1.6 L/AT 轿车电动辅助装置检修作业。

二、项目要求

符合 2007 款卡罗拉 1.6 L/AT 轿车维修手册要求与标准，正确使用工具，完成如下职业行动：

（1）拆装电动刮水器。

（2）拆装电动后视镜。

（3）拆装电动车窗。

（4）拆装电动座椅。

（5）拆装安全气囊。

三、学习目标

（1）准确描述电动刮水器的位置、结构、工作原理、拆装方法。

（2）准确描述电动后视镜的位置、结构、工作原理、拆装方法。

（3）准确描述电动车窗的位置、结构、工作原理、拆装方法。

（4）准确描述电动座椅的位置、结构、工作原理、拆装方法。

（5）准确描述安全气囊的位置、结构、工作原理、拆装方法。

（6）规范地对电动刮水器、电动后视镜、电动车窗、电动座椅、安全气囊进行检修作业。

（7）养成自觉遵守技术标准和要求规定、规范操作、安全、环保、“5S”作业的好习惯。

（8）养成发现问题解决问题的意识。

（9）体会并提取刮水器发展史里的创新要素。

四、学习载体

2007 款卡罗拉 1.6 L/AT 轿车电动辅助装置如下图。

电动辅助装置

汽车电气设备除了前面任务中介绍的电源系统、起动系统、照明与信号系统和空调系统之外，还包括辅助电气设备，例如刮水器、中控门锁、电动车窗、电动后视镜、电动座椅等，它们提高了汽车行驶的安全性、可靠性和舒适性。

学习笔记

学习笔记

任务一　拆装电动刮水器

职业行动

步骤一：作业准备

1. 作业场地

选择带有消防设施的作业场地。

2. 设备设施

2007 款卡罗拉 1.6 L/AT 轿车、零件车、垃圾桶。

3. 工量辅具（见表 6-1-1）

表 6-1-1　拆装电动刮水器工量辅具

套筒扳手组合套具	翼子板三件套
扭力扳手	

4. 耗材

清洁布、劳保手套。

职业知识

电动刮水器

作用	• 清扫风窗玻璃上的雨水、雪或尘土。 • 保证汽车在雨天或雪天时，驾驶人有良好的视线，确保行驶安全
位置	安装在风窗玻璃上
组成	刮水片　刮水器传动机构　电动机　刮水片摇臂

任何一项精美的技术诞生之初都是简单粗糙的。

步骤二：拆卸刮水系统组件

1. 拆卸左前、右前刮水器臂端盖

（1）根据维修手册选用一字螺丝刀，用胶布将螺丝刀头部包好。

（2）正确使用工具拆卸左前、右前刮水器臂端盖，见图 6-1-1。

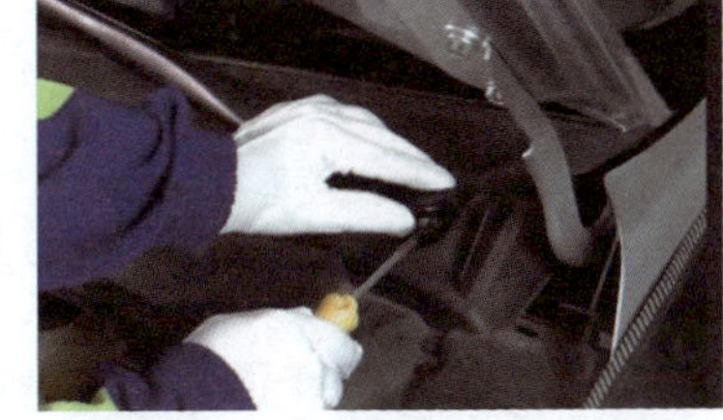

图 6-1-1　拆卸刮水器臂端盖

2. 拆卸左前、右前刮水器臂和刮水片总成

（1）根据维修手册选用 14 mm 套筒、棘轮扳手。正确使用工具拆卸左前刮水器臂和刮水片总成的锁止螺母，见图 6-1-2。

（2）用一定的力按下刮水器臂下端。

（3）拆下左前刮水器臂和刮水片总成。

（4）同样的方法拆卸右前刮水器臂和刮水片总成。

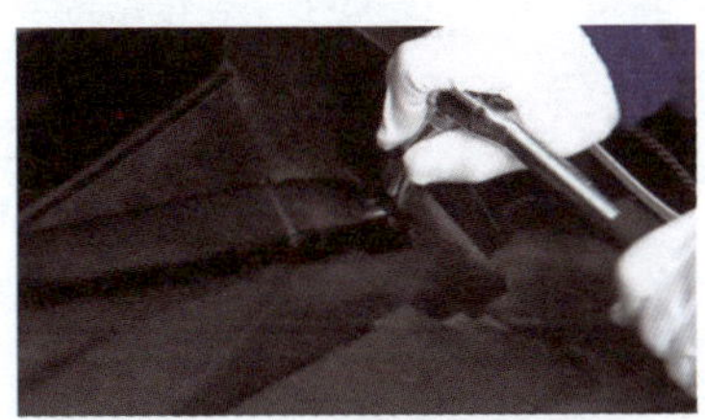

图 6-1-2　拆卸刮水器臂和刮水片总成

3. 拆卸发动机盖至前围上密封

直接拆下发动机盖至前围上密封，见图 6-1-3。

注意事项：拆卸时注意密封条上的卡扣不要掉落。

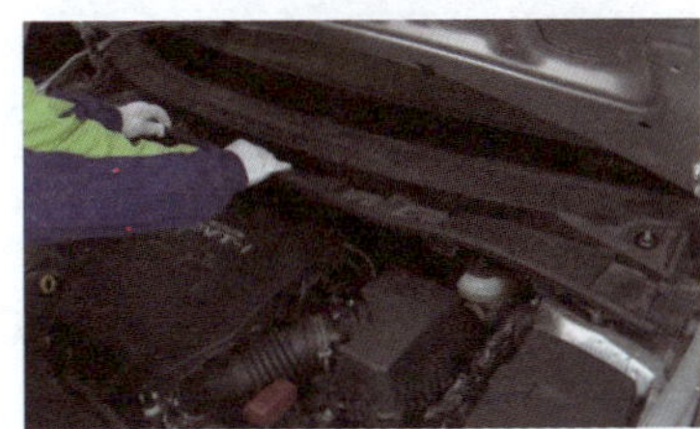

图 6-1-3　拆卸发动机盖至前围上密封

电动刮水器电动机结构

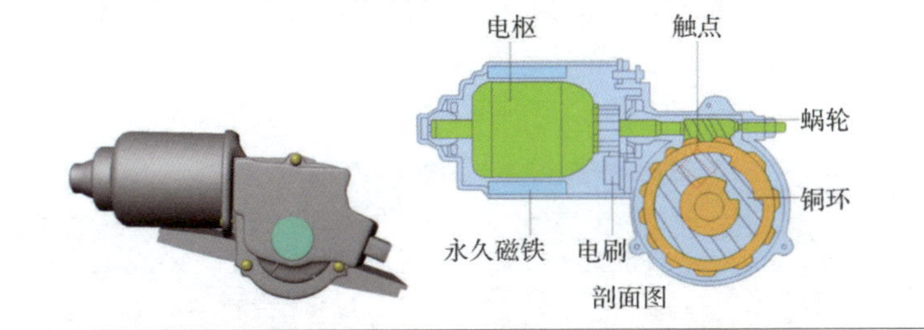

电动刮水器结构

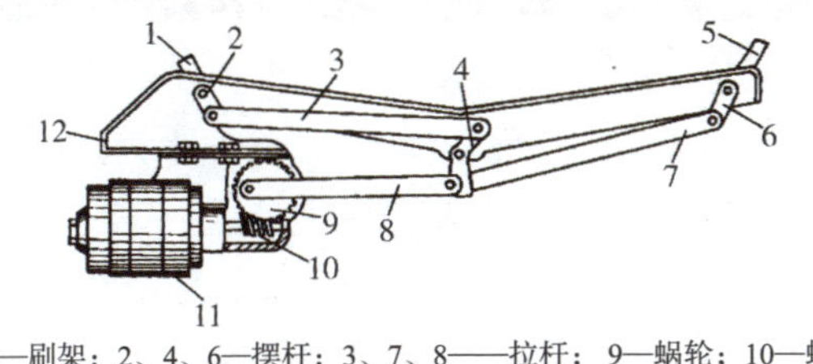

1、5—刷架；2、4、6—摆杆；3、7、8——拉杆；9—蜗轮；10—蜗杆；11—电动机；12—底板

电动刮水器开关

HINT	高速挡	
LOW	低速挡	
	间歇挡	
OFF	停止挡	
	间歇调整	
	喷水器开关	
HINT	高速挡	

学习笔记

视频

6-1 拆卸电动刮水器

视频

6-2 安装电动刮水器

学习笔记

4. 拆卸右前、左前围板上通风栅板

（1）按下前围板上通风栅板两边的固定卡扣的锁芯，取下固定卡扣，见图 6-1-4。

（2）依次拆下右前、左前围板上的通风栅板，见图 6-1-5。

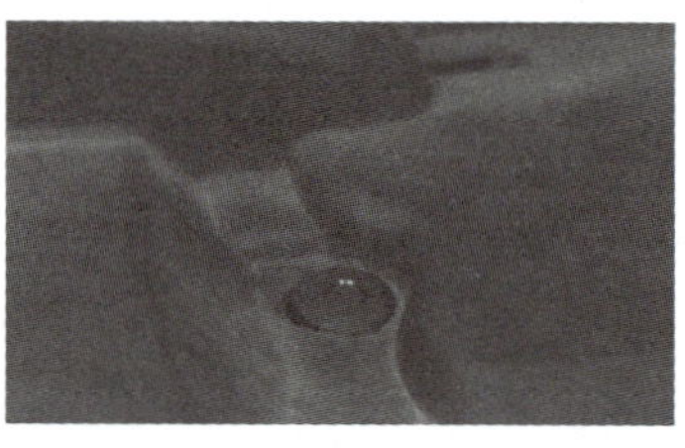

图 6-1-4　取下固定卡扣

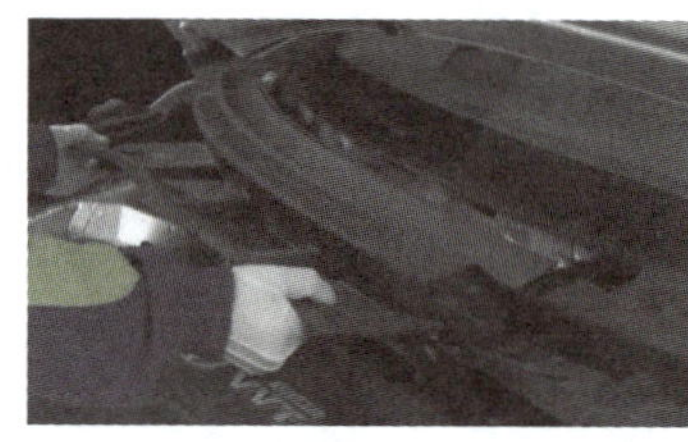

图 6-1-5　拆下围板上的通风栅板

在拆卸时，不要碰到风窗玻璃，以免造成不必要的损失。

5. 拆卸刮水器电动机线束及线束连接器

（1）松开刮水器电动机线束固定卡夹，见图 6-1-6。

（2）按下线束连接器锁舌，断开刮水器电动机线束连接器，见图 6-1-7。

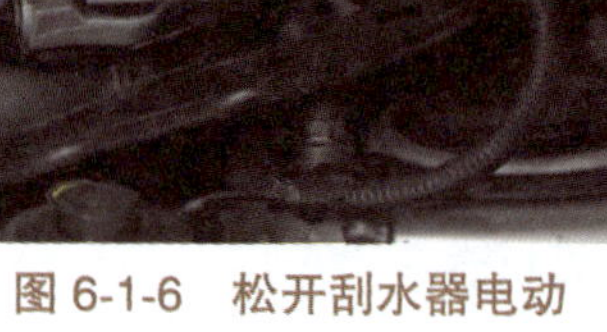

图 6-1-6　松开刮水器电动机线束固定卡夹

图 6-1-7　断开刮水器电动机线束连接器

6. 拆卸风窗玻璃刮水器电动机连杆总成

（1）根据维修手册选用 10 mm 套筒、棘轮扳手。正确使用工具拆下 2 个固定螺栓，见图 6-1-8。

电动刮水器常见故障

故障现象	故障原因	解决办法
刮水器电动机不转	（1）刮水器电动机电源电路断路。 （2）继电器及开关接触不良。 （3）电动机电刷与换向器接触不良。 （4）电动机电枢绕组卡死或烧坏。 （5）传动机构损坏	（1）检查刮水器电动机电源是否断路。 （2）检查继电器及开关是否正常。 （3）检修或更换。 （4）检修或更换。 （5）检修或更换
刮水器无低速、高速及间歇挡	（1）熔丝熔断或继电器损坏。 （2）刮水器开关损坏。 （3）刮水器电路故障。 （4）刮水器电动机失效	（1）检查熔丝及继电器是否正常。 （2）检查刮水器开关是否正常。 （3）检查插接器及电路是否正常。 （4）检查刮水器电动机是否正常
刮水器无自动停位功能	（1）刮水器开关的停位触点损坏。 （2）减速器蜗轮输出轴背面的自动停位导电片和减速器盖板上的导电触点损坏	（1）检查刮水器开关的停位触点，若损坏则更换。 （2）检修或更换
刮水动作迟缓	（1）蓄电池亏电或开关接触不良。 （2）刮水片与风窗玻璃接触面过脏。 （3）电动机轴承或传动机械润滑不良。 （4)电动机电刷接触不良。 （5）电枢绕组短路或搭铁	（1）检修或更换。 （2）清理脏污。 （3）检查并加注润滑油。 （4)更换电刷和弹簧。 （5）检修或更换

任何一项精美的技术诞生之初都是简单粗糙的。

（2）拆下风窗玻璃刮水器电动机及连杆总成，见图 6-1-9。

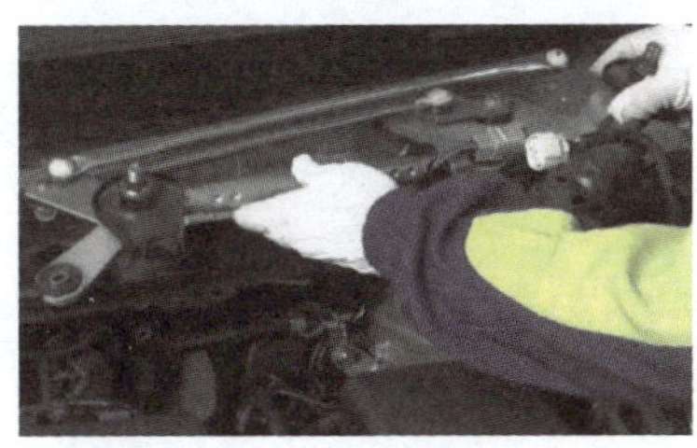

图 6-1-8　拆下固定螺栓

图 6-1-9　拆下风窗玻璃刮水器电动机及连杆总成

步骤三：安装刮水系统组件

（1）安装刮水器电动机及连杆总成。

（2）安装风窗玻璃刮水器电动机线束连接器。插接刮水器电动机线束连接器，并卡上线束连接器固定卡夹，确保连接牢固。

（3）安装左前、右前围板上通风栅板。

（4）安装发动机盖至前围上密封，并卡上卡扣。

（5）安装右前、左前刮水器臂和刮水片总成。

（6）安装左前、右前刮水器臂端盖。

（7）安装发动机盖罩。

（续）

故障现象	故障原因	解决办法
刮水片振动	（1）风窗玻璃过脏。 （2）刮水片损坏。 （3）刮水片的倾角不对。 （4）传动机构故障	（1）清洗风窗玻璃。 （2）更换刮水片。 （3）重新调整倾角。 （4）检修或更换

安装刮水器电动机及连杆总成方法

- 对准风窗玻璃刮水器电动机及连杆总成安装位置，安装 2 个固定螺栓。
- 根据维修手册选用 10 mm 套筒、接杆、扭力扳手。
- 根据维修手册规定扭矩，调整扭力扳手的扭矩。
- 正确使用工具，以维修手册规定扭矩，紧固风窗玻璃刮水器电动机及连杆总成固定螺栓

安装左前、右前围板上通风栅板

- 对准安装位置安装左前围板上通风栅板。
- 安装左前围板上通风栅板的固定卡扣。
- 用同样的方法安装右前围板上通风栅板

安装右前、左前刮水器臂和刮水片总成

- 对准安装位置，安装右前刮水器臂和刮水片总成。
- 用同样的方法，安装左前刮水器臂和刮水片总成。
- 根据维修手册选用 14 mm 套筒、扭力扳手。
- 根据维修手册规定扭矩，调整扭力扳手的扭矩

学习笔记

学习笔记

任务测评

一、知识测评

确定本任务关键词，按重要程度进行关键词排序并举例解读。

根据自己对重要信息捕捉、排序、表达、创新和划分权重能力进行自评，见表 6-1-2，满分 100 分。

表 6-1-2　拆装电动刮水器知识测评表

序号	关键词	举例解读	评分自定
1			
2			
3			
4			
5			
总分			

二、能力测评

对表 6-1-3 所列作业内容，操作规范即得分，操作错误或未操作即零分。

表 6-1-3　拆装电动刮水器能力测评表

序号	能力点	配分	得分
1	拆卸左前、右前刮水器臂和刮水片总成	10	
2	拆卸右前、左前围板上通风栅板	10	
3	拆卸刮水器电动机线束及线束连接器	20	
4	拆卸风窗玻璃刮水器电动机连杆总成	20	
5	安装刮水系统组件	20	
总分		100	

三、素养测评

对表 6-1-4 所列素养点，做到即得分，未做到即零分。

表 6-1-4　拆装电动刮水器素养测评表

序号	素养点	配分	得分
1	设备和工具安全检查	20	
2	车辆安全防护	20	
3	工具清洁、校准、存放	20	
4	工量辅具、零部件、油水液体“三不落地”	20	
5	工位“5S”	20	
总分		100	

四、拓展训练

（1）请列举出在拆装电动刮水器过程中易出现的问题，分析产生问题的原因并制定解决问题的措施。

（2）由于车辆更新换代较快，请查看实训室现有车辆，试根据维修手册制定拆检电动刮水器流程并进行检测。

（3）请按照下列思维导图格式（见图 6-1-10），总结拆装电动刮水器的学习收获，小小的刮水器技术跨越时间与空间的进步史生动地呈现了技术进步的艰辛，如何满足人们的需求，满足更好地驾乘要求，是汽车技术发展的原动力，以刮水器为例，哪些问题促使刮水器的诞生与发展，谈谈你对“创新”的理解。

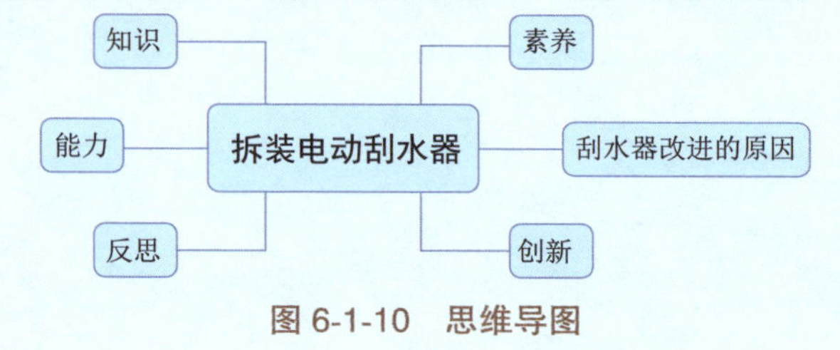

图 6-1-10　思维导图

任何一项精美的技术诞生之初都是简单粗糙的。

学习笔记

任务二　拆装电动后视镜

职业行动

步骤一：作业准备

1. 作业场地

选择带有消防设施的作业场地。

2. 设备设施

2007 款卡罗拉 1.6 L/AT 轿车、零件车、垃圾桶。

3. 工量辅具（见表 6-2-1）

表 6-2-1　拆装电动后视镜工量辅具

套筒扳手组合套具	翼子板三件套
扭力扳手	

4. 耗材

清洁布、劳保手套。

职业知识

电动后视镜

作用	供驾驶人观察汽车两侧及后方的车辆、行人及其他情况。通过开关调整电动后视镜
位置	汽车前部左右两侧车门上
原理	• 电动后视镜的背后装有两套电动机和驱动器，可操纵反射镜上下及左右转动。 • 通常上下方向的转动用一个电动机控制，左右方向的转动用另一个电动机控制。 • 通过改变电动机的电流方向，即可完成后视镜的上下及左右调整。 • 每个电动后视镜都有一个独立控制开关，开关杆可多方向移动，可使一个电动机工作或两个电动机同时工作
组成	后视镜片；驱动电动机；电动后视镜片固定架；电动后视镜外壳

视频

6-3 电动后视镜工作原理

学习笔记

步骤二：断开蓄电池负极电缆

（1）关闭点火开关。

（2）正确使用工具断开蓄电池负极端子电缆。

步骤三：拆卸前门装饰板

1. 拆卸前扶手座上板

（1）使用内饰拆卸工具脱开前门扶手座上板 2 个卡子，6 个卡爪，见图 6-2-1。

（2）拆下前扶手座上板。

（3）按下前扶手座上板开关总成线束连接器锁扣，分离线束连接器。

（4）取下前扶手座上板。

图 6-2-1　撬动前扶手座上板

2. 拆卸前门内把手框

使用内饰拆卸工具脱开前门内把手框 3 个固定卡爪，拆下前门内把手盖，见图 6-2-2。

图 6-2-2　拆卸前门内把手盖

3. 拆卸前门装饰板

（1）使用内饰拆卸工具脱开车门扶手盖。选用十字螺丝刀依次拧松前门装饰板 2 个固定螺钉，并取出螺钉，见图 6-2-3。

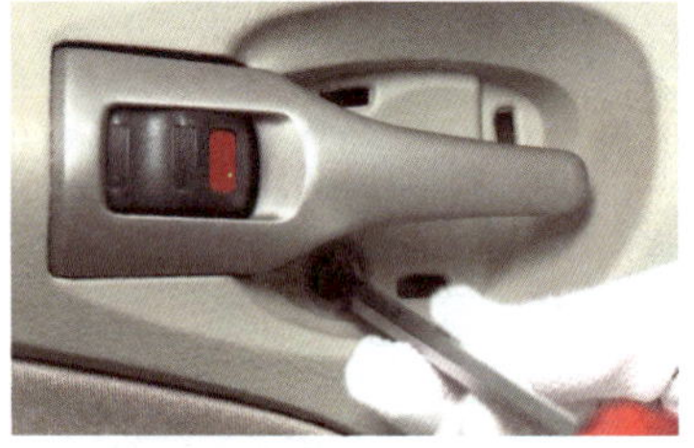

图 6-2-3　拧松前门装饰板固定螺钉

视频

6-4 拆卸电动后视镜

视频

6-5 安装电动后视镜

电动后视镜附加功能

折叠功能	• 为了使汽车通过尽可能狭小的路段，可通过折叠开关将两个后视镜整体回转伸出或缩回，实现折叠功能
自动折叠	• 车辆检测到遥控钥匙的锁车信号时，后视镜自动折叠。 • 车辆检测到遥控钥匙的解锁信号时，后视镜自动展开
记忆功能	• 驾驶人操作存储和复位开关可将后视镜的调整位置存储起来，在需要的时候恢复到原来调整的位置
自动调节功能	• 车辆检测到倒挡信号时，自动调整后视镜，使后视镜向下偏转，方便驾驶人倒车。 • 车辆检测到前进挡信号时，自动调整后视镜，使后视镜恢复到初始位置，方便驾驶人行驶

电动后视镜开关

- 先用选择开关选择需要调节的电动后视镜（左或右）。
- 通过调节开关控制电动机使后视镜上下和左右转动。
- 电动后视镜背后的电动机和驱动器，操纵后视镜片上下及左右转动。
- 通常上下方向的转动用一个电动机控制，左右方向的转动由另一个电动机控制。
- 通过改变电动机的电流方向，即可完成后视镜的上下及左右调整

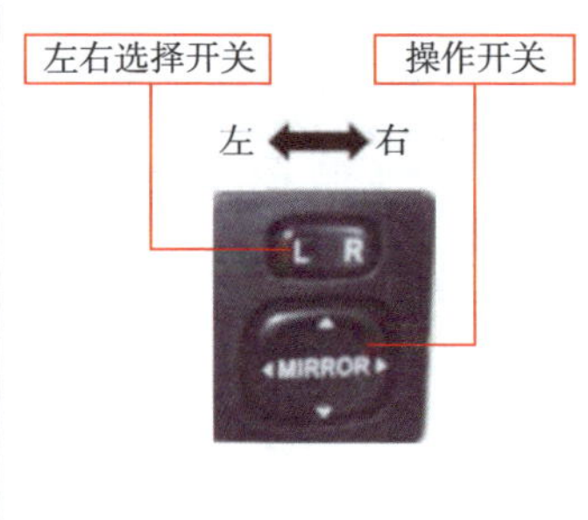

创新就在身边。

（2）正确使用卡扣螺丝刀配合内饰拆卸工具，以此脱开前门装饰板 9 个固定卡子和 5 个固定卡爪。

（3）从前门玻璃内密封条上，分开前门装饰板分总成，在前门装饰板上脱开前门内把手 2 个卡爪，分离前门内把手，见图 6-2-4。

（4）取下前门装饰板。

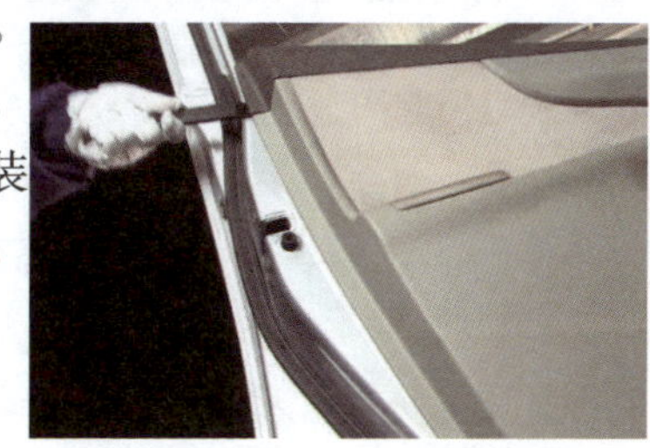

图 6-2-4　脱开前门内把手卡爪

4. 拆卸前门内把手分总成

将前车门内把手分总成从车门上拆下。

5. 拆卸前门下门框支架装饰条

（1）脱开前门下门框支架装饰条固定卡子和卡夹，见图 6-2-5。

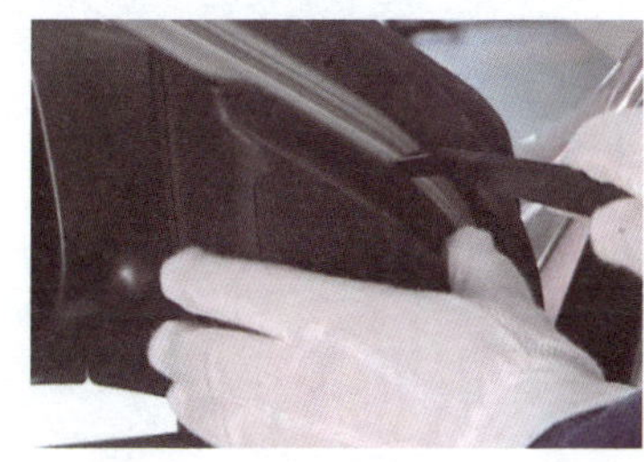

图 6-2-5　脱开前门下门框支架装饰条固定卡子和卡夹

（2）拆下前门下门框支架装饰条。

（3）断开 2 号前扬声器线束连接器，见图 6-2-6。

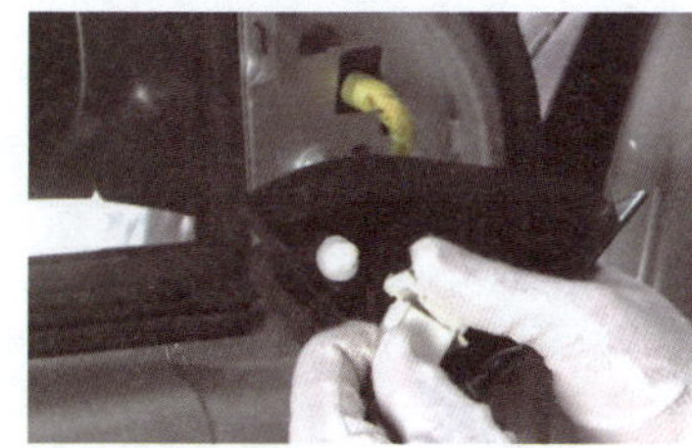

图 6-2-6　断开 2 号前扬声器线束连接器

拆卸前门内把手分总成方法

- 断开前门锁止遥控拉锁和前门内侧锁止拉锁

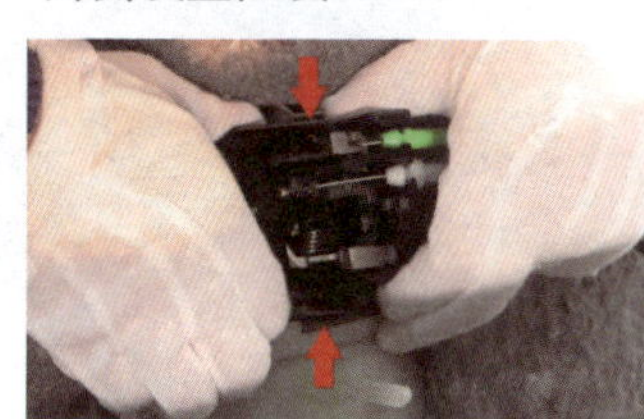

- 拆下前门内把手分总成

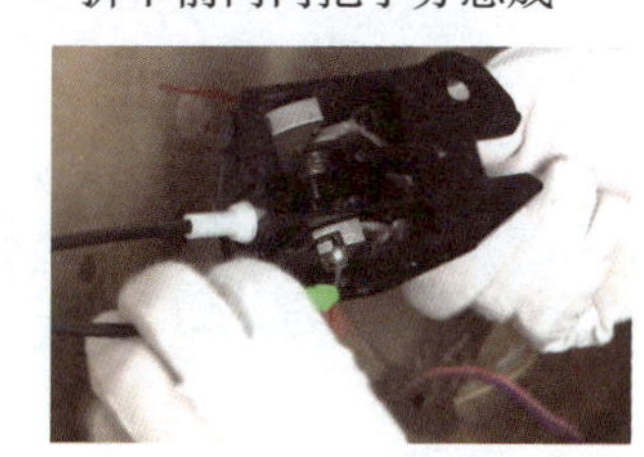

安装车外后视镜总成方法

- 对好车外后视镜总成安装位置，接合固定卡爪安装车外后视镜总成。
- 旋入车外后视镜总成 3 个固定螺栓并拧紧。
- 正确使用工具对角紧固车外后视镜总成 3 个固定螺栓。
- 连接车外后视镜总成连接器，确保连接锁止可靠

安装前门下门框支架装饰条方法

- 连接线束连接器，确保连接锁止可靠。
- 对好前门下框支架装饰条安装位置，接合卡子和卡夹。
- 确保前门下门框支架装饰条安装牢固

安装前门内把手框方法

- 将前门内把手框与前门装饰板上的安装位置对好。
- 接合 3 个固定卡爪。
- 确保安装到位

学习笔记

学习笔记

步骤四：拆卸车外后视镜总成

（1）断开车外后视镜线束连接器，见图 6-2-7。

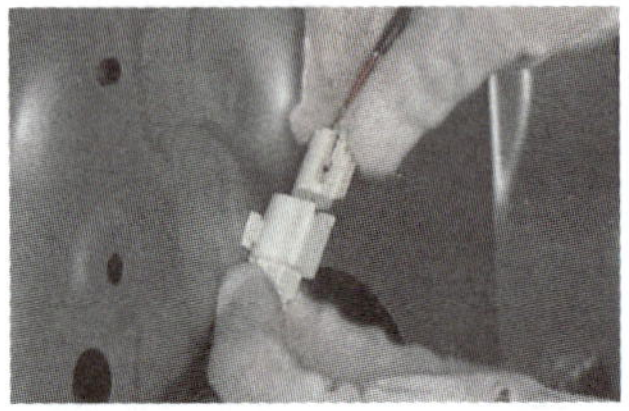

图 6-2-7　断开车外后视镜线束连接器

（2）根据维修手册规定选用 10 mm 套筒、接杆、棘轮扳手。正确使用工具拧松车外后视镜总成 3 个固定螺栓。

（3）旋出车外后视镜总成 3 个固定螺栓，见图 6-2-8。

（4）脱开 2 个固定倒销，取下车外后视镜总成，见图 6-2-9。

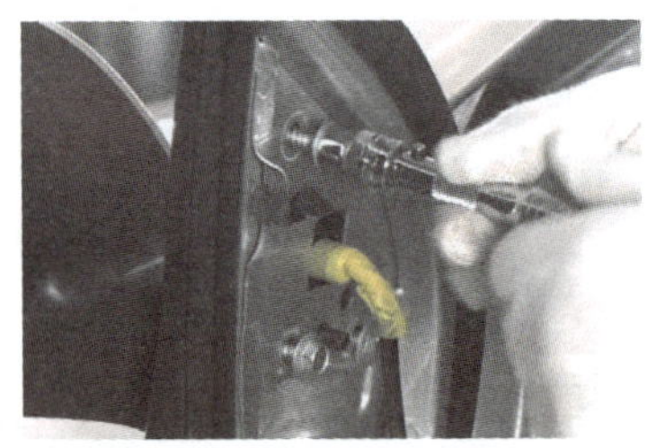

图 6-2-8　旋出车外后视镜总成 3 个固定螺栓

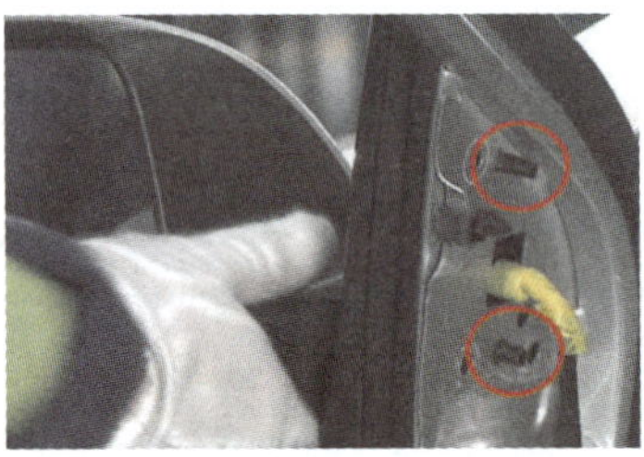

图 6-2-9　脱开 2 个固定倒销

步骤五：安装车外后视镜

（1）安装车外后视镜总成。

（2）安装前门下门框支架装饰条。

（3）安装前门装饰板。

（4）安装前门内把手框。

（5）安装前扶手座上板。

（6）安装蓄电池负极电缆。

安装前门装饰板方法

- 将前门内把手分总成对好前门装饰板上的安装位置，并接合 2 个卡爪使其固定。
- 将前门装饰板对好前门板上的安装位置，依次接合 5 个卡爪和 9 个卡子将前门装饰板安装到前门板上。检查确认前门装饰板安装是否到位。
- 使用十字螺丝刀安装前门装饰板 2 个固定螺钉并拧紧，确保前门装饰板安装牢固。
- 接合卡爪连接车门扶手盖

安装前扶手座上板方法

- 连接前扶手座上板开关总成线束连接器，确保连接器锁止可靠。
- 将前扶手座上板安装到前门装饰板上，接合 2 个卡子和 6 个卡爪，确保前扶手座上板安装可靠

任务测评

一、知识测评

确定本任务关键词，按重要程度进行关键词排序并举例解读。

根据自己对重要信息捕捉、排序、表达、创新和划分权重能力进行自评，见表6-2-2，满分100分。

表6-2-2　拆装电动后视镜知识测评表

序号	关键词	举例解读	评分自定
1			
2			
3			
4			
5			
6			
总分			

二、能力测评

对表6-2-3所列作业内容，操作规范即得分，操作错误或未操作即零分。

表6-2-3　拆装电动后视镜能力测评表

序号	能力点	配分	得分
1	前期准备	10	
2	断开蓄电池负极电缆	20	
3	拆卸前门装饰板	20	
4	拆卸车外后视镜总成	30	
5	安装车外后视镜	20	
总分		100	

三、素养测评

对表6-2-4所列素养点，做到即得分，未做到即零分。

表6-2-4　拆装电动后视镜素养测评表

序号	素养点	配分	得分
1	设备和工具安全检查	20	
2	车辆安全防护	20	
3	工具清洁、校准、存放	20	
4	工量辅具、零部件、油水液体“三不落地”	20	
5	工位“5S”	20	
总分		100	

四、拓展训练

（1）请列举出在拆装电动后视镜过程中易出现的问题，分析产生问题的原因并制定解决问题的措施。

（2）由于车辆更新换代较快，请查看实训室现有车辆，试根据维修手册制定拆装电动后视镜流程并进行检测。

（3）请按照下列思维导图格式（见图6-2-10），总结拆装电动后视镜的学习收获，同时自己组织不低于7名同学组成一组，选择一个主持人，运用头脑风暴法对拆装电动后视镜的过程提出改进意见，汇总后，梳理出最可能实现的三种可能。

头脑风暴是开拓思路的一种创新方法，具有开放、汇集众人智慧的功能。

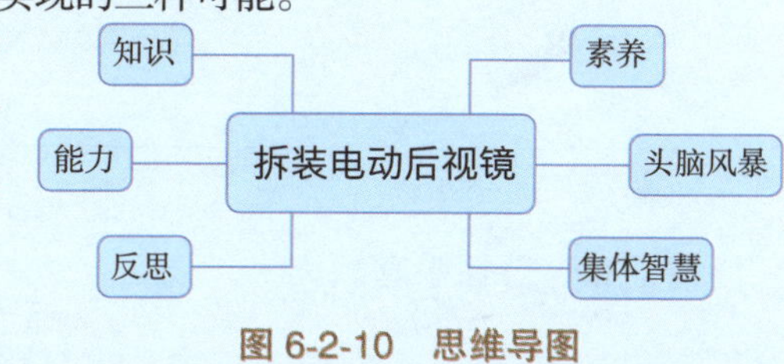

图6-2-10　思维导图

学习笔记

任务三　拆装电动车窗

职业行动

步骤一：作业准备

1. 作业场地

选择带有消防设施的作业场地。

2. 设备设施

2007 款卡罗拉 1.6 L/AT 轿车、零件车、垃圾桶。

3. 工量辅具（见表 6-3-1）

表 6-3-1　拆装电动车窗工量辅具

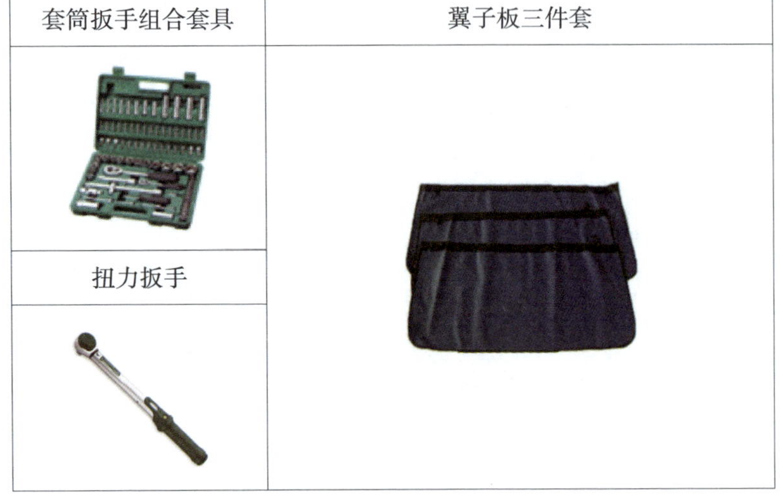

套筒扳手组合套具	翼子板三件套
扭力扳手	

4. 耗材

清洁布、劳保手套。

职业知识

电动车窗系统

作用	• 利用电动机驱动玻璃升降器实现车窗玻璃升降
原理	• 一般使用双向永磁或绕线（双绕组串联）式电动机，每个门窗安装有一个电动机，通过开关控制其电流方向，实现门窗的升降
组成	车窗玻璃 控制开关 电动机 升降器

电动车窗开关功能

总开关	驾驶人侧车门上	驾驶人控制每个车窗升降
分控	乘客侧车门上	乘客单独控制车窗升降
车窗锁	驾驶人侧车门上	使车窗的开、关无效，但驾驶人侧的车窗除外

步骤二：断开蓄电池负极电缆

（1）关闭点火开关。

（2）正确使用工具断开蓄电池负极端子电缆。

步骤三：拆卸前门装饰板

（1）拆卸前扶手座上板。

（2）拆卸前门内把手框。

（3）拆卸前门装饰板。

（4）拆卸前门内把手分总成。

（5）拆卸前门下门框支架装饰条。

（6）拆卸车门装饰板支架。

步骤四：拆卸前门玻璃

（1）拆卸前门检修孔盖。

（2）拆卸车外后视镜。

（3）拆卸前门玻璃。

步骤五：拆卸前门窗升降器总成

1. 断开前门窗升降器线速连接器。

（1）按下前门窗升降器线束连接器锁扣，见图 6-3-1。

（2）断开前门窗升降器线束连接器。

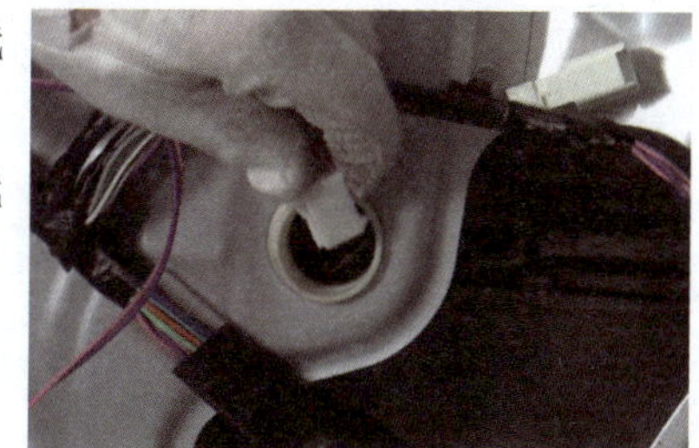

图 6-3-1　按下前门窗升降器线束连接器锁扣

电动车窗分类

齿条式	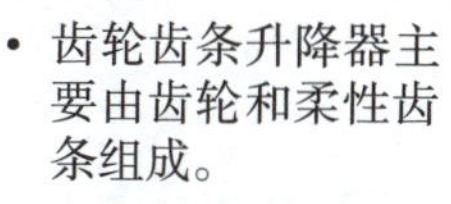 • 齿轮齿条升降器主要由齿轮和柔性齿条组成。 • 车窗连接在齿条的一端。 • 工作时电动机通过齿轮使齿条移动，实现玻璃升降	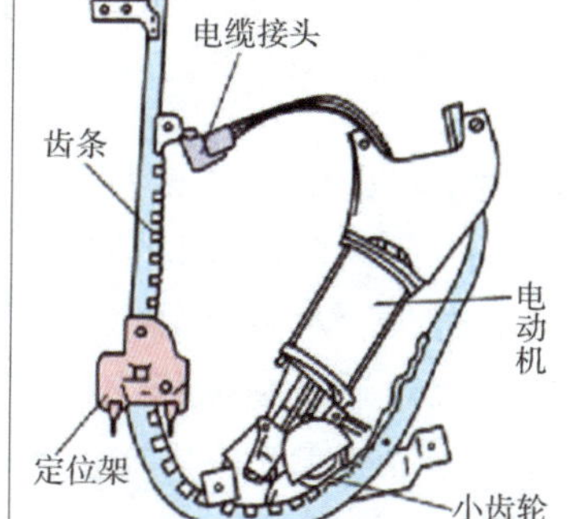
交叉式	• 使用柔性齿条和小齿轮。 • 车窗玻璃连在齿条的一端。 • 电动机带动轴端小齿轮转动，使齿条移动，以带动车窗玻璃升降	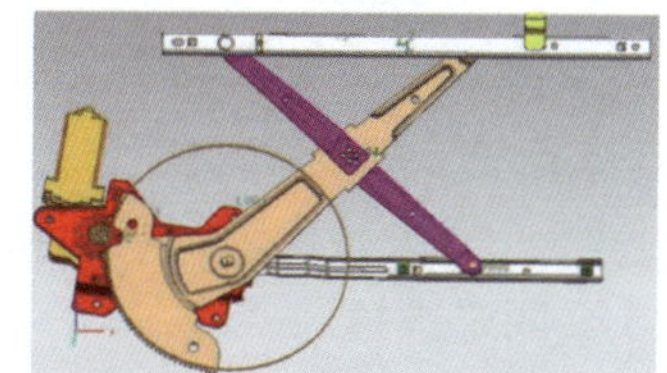
绳轮式	• 由电动机、减速器、钢丝绳、导向板和玻璃安装托架等零部件组成。 • 门窗玻璃固定在玻璃安装托架上，玻璃导向槽与钢丝绳导向板平行。 • 由电动机带动减速器输出动力，拉动钢丝绳移动玻璃安装托架，使门窗玻璃做上升或下降的直线运动	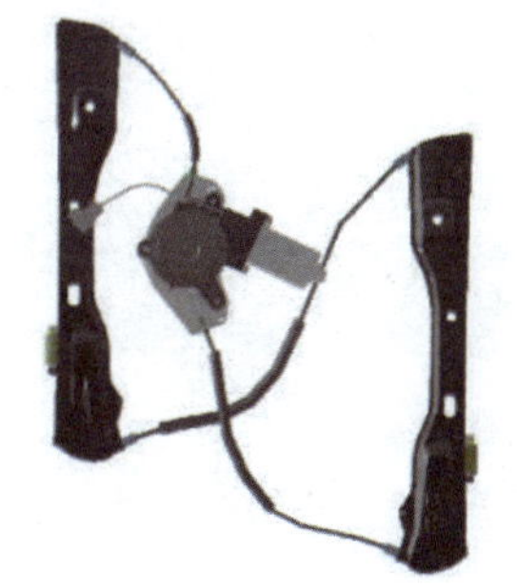

学习笔记

视频

6-6 拆装电动车窗

学习笔记

2. 拆卸前门窗升降器分总成

（1）根据维修手册规定选用 10 mm 套筒、接杆、棘轮扳手。

（2）正确使用工具拧松前门窗升降器临时螺栓，不要拆下临时螺栓，见图 6-3-2。

图 6-3-2　拧松前门窗升降器临时螺栓

注意事项： 如果拆下临时螺栓，前门窗升降器可能掉落，造成损坏。

（4）正确使用工具拧松前门窗升降器 5 个固定螺栓，见图 6-3-3。

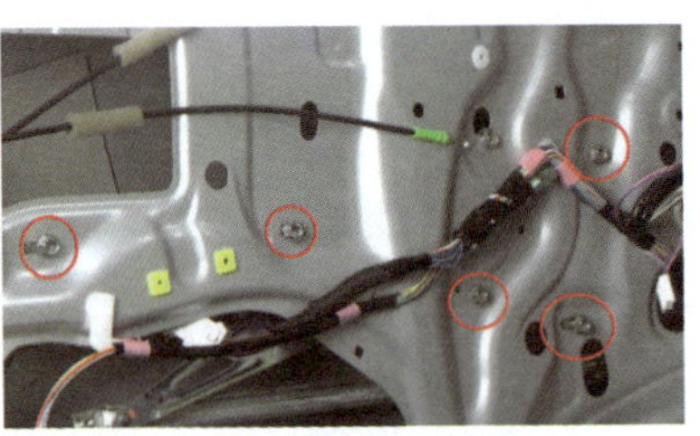

图 6-3-3　拧松前门窗升降器固定螺栓

（5）依次旋出前门窗升降器 5 个固定螺栓。

（6）将前门窗升降器分总成和前电动车窗升降器电动机总成作为一个单元拆下，见图 6-3-4。

（7）从前门窗升降器分总成上拆下临时螺栓，见图 6-3-5。

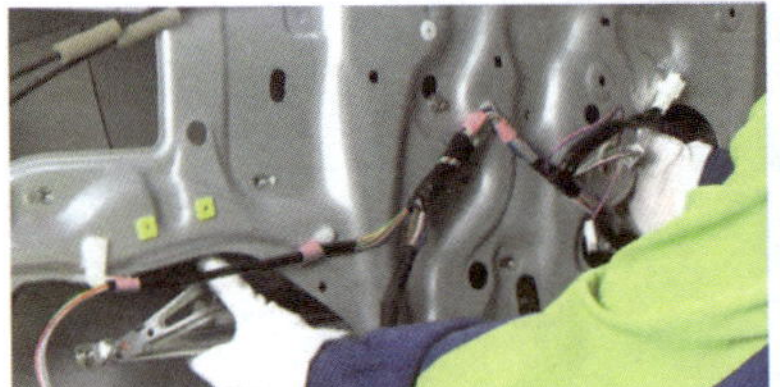

图 6-3-4　前门窗升降器分总成

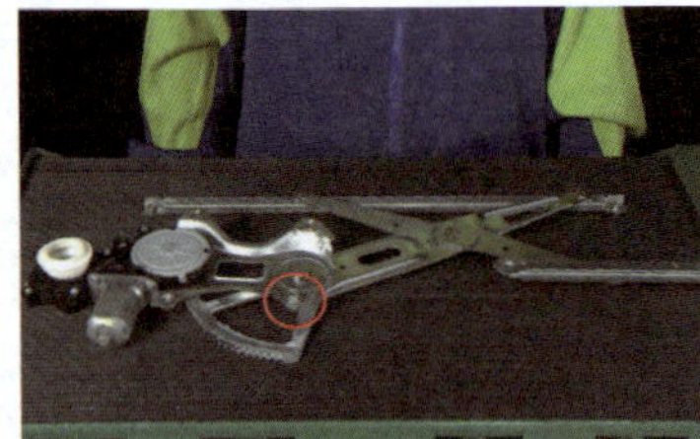

图 6-3-5　拆下临时螺栓

拆卸前门玻璃方法

拆卸前门玻璃固定螺栓	• 连接蓄电池负极电缆。 • 连接电动车窗升降器主开关总成。 • 打开点火开关至 ON 位置。 • 移动前门玻璃以便能看到车门玻璃固定螺栓	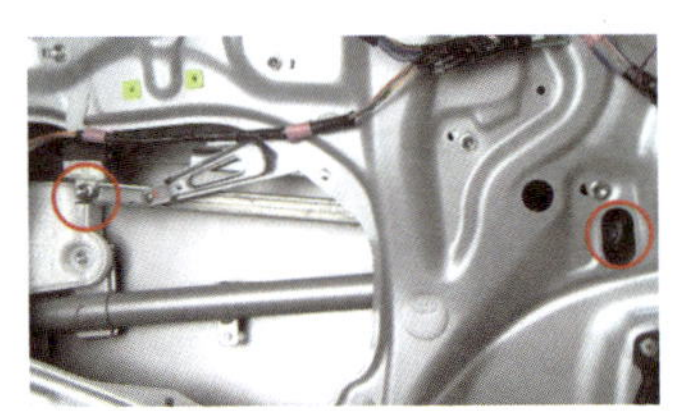
拆下升降器主开关总成	• 关闭点火开关。 • 正确使用工具断开蓄电池负极端子电缆。 • 拆下电动车窗升降器主开关总成	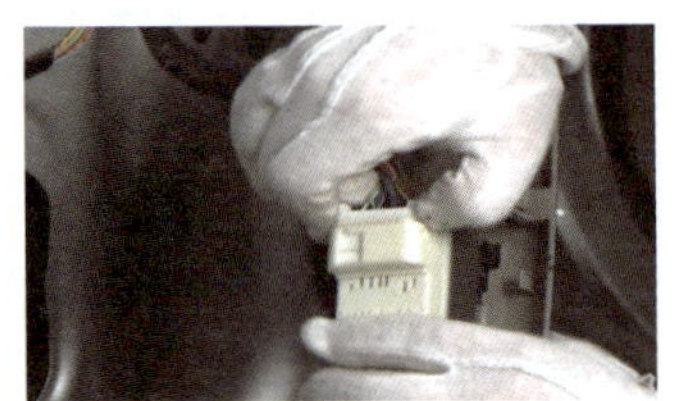
取下玻璃固定螺栓	• 根据维修手册规定选用 10 mm 套筒、接杆、棘轮扳手。 • 正确使用工具，拧松前门玻璃 2 个固定螺栓并将其旋出来	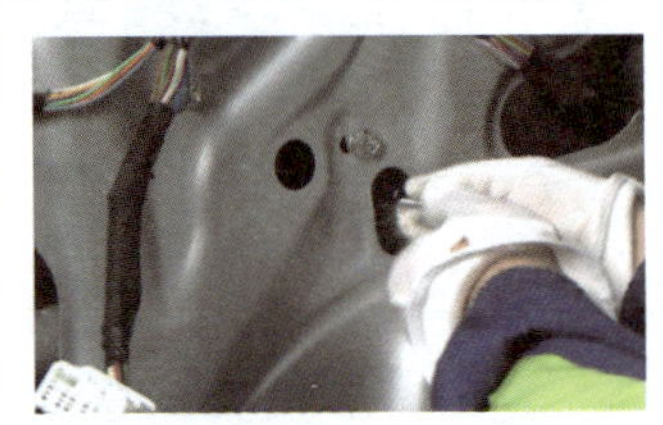
拆卸前门玻璃	• 一边握紧前门玻璃两侧，一边脱开前门玻璃固定支架。 • 沿左上角方向抬起左侧前门玻璃到适合位置后，取出整个前门玻璃	

匠心筑梦，技能报国。

3. 拆卸前电动车窗升降器电动机总成

（1）根据维修手册规定选用 TORX 梅花套筒（T25）、接杆、扳手。正确使用工具依次拧松前电动车窗升降器电动机总成 3 个固定螺钉，见图 6-3-6。

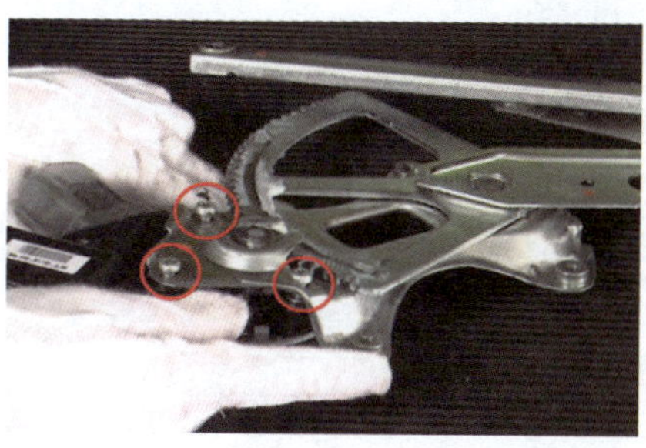

图 6-3-6　拧松升降器电动机总成 3 个固定螺钉

（2）旋出 3 个固定螺钉。

（3）拆下前电动车窗升降器电动机总成。

步骤六：安装前门窗升降器

（1）安装前电动车窗升降器电动机总成。

（2）安装前门窗升降器分总成。

（3）安装前门窗升降器线束连接器。

（4）安装前门玻璃。

（5）安装车外后视镜总成。

（6）安装前门检修孔盖。

（7）安装车门装饰板支架。

（8）安装前门玻璃内密封条。

（9）安装前门下门框支架装饰条。

（10）安装前门内把手分总成。

（11）安装前门装饰板。

（12）安装前门内把手框。

（13）安装前扶手座上板。

（14）安装蓄电池负极电缆。

安装前电动车窗升降器电动机总成方法

- 将前电动车窗升降器电动机安装到前门窗升降器分总成上，依次旋入 3 个固定螺钉。
- 根据维修手册规定选用 TORX 梅花套筒（T25）、接杆、扳手。正确使用工具，依次拧紧前电动车窗升降器电动机总成 3 个固定螺钉

安装电动车窗系统方法

- 将通用润滑脂涂抹在前门窗升降器分总成的滑动部分上。
- 将临时螺栓安装到前门窗升降器分总成上。
- 对好前门窗升降器分总成安装位置。
- 确认前门窗升降器分总成安装到位。
- 依次旋入前门窗升降器分总成 5 个固定螺栓。
- 正确使用工具紧固 5 个固定螺栓和 1 个临时固定螺栓

安装前门玻璃方法

- 沿着升降槽先将前门玻璃右侧倾斜插入前门板内。
- 在合适的位置时调整玻璃水平，确保玻璃也落入玻璃升降槽中。
- 连接前门玻璃与前门玻璃固定支架结合部位，确保玻璃安装到位。
- 依次旋入前门玻璃与前门玻璃固定支架 2 个固定螺栓。
- 正确使用工具紧固前门玻璃与前门玻璃固定支架 2 个固定螺栓

安装车外后视镜总成方法

- 对好车外后视镜总成安装位置，接合固定卡爪安装车外后视镜总成。
- 旋入车外后视镜总成 3 个固定螺栓并拧紧。
- 正确使用工具对角紧固车外后视镜总成 3 个固定螺栓。
- 连接车外后视镜总成连接器，确保连接锁止可靠

学习笔记

学习笔记

任务测评

一、知识测评

确定本任务关键词，按重要程度进行关键词排序并举例解读。

根据自己对重要信息捕捉、排序、表达、创新和划分权重能力进行自评，见表 6-3-2，满分 100 分。

表 6-3-2　拆装电动车窗知识测评表

序号	关键词	举例解读	评分自定
1			
2			
3			
4			
5			
6			
7			
总分			

二、能力测评

对表 6-3-3 所列作业内容，操作规范即得分，操作错误或未操作即零分。

表 6-3-3　拆装电动车窗能力测评表

序号	能力点	配分	得分
1	前期准备	10	
2	断开蓄电池负极电缆	10	
3	拆卸前门装饰板	20	
4	拆卸前门玻璃	20	
5	拆卸前门窗升降器总成	20	
6	安装前门窗升降器	20	
总分		100	

三、素养测评

对表 6-3-4 所列素养点，做到即得分，未做到即零分。

表 6-3-4　拆装电动车窗素养测评表

序号	素养点	配分	得分
1	设备和工具安全检查	20	
2	车辆安全防护	20	
3	工具清洁、校准、存放	20	
4	工量辅具、零部件、油水液体“三不落地”	20	
5	工位“5S”	20	
总分		100	

四、拓展训练

（1）请列举出在拆装电动车窗过程中易出现的问题，分析产生问题的原因并制定解决问题的措施。

（2）由于车辆更新换代较快，请查看实训室现有车辆，试根据维修手册制定拆装电动车窗流程并进行检测。

（3）请按照下列思维导图格式（见图 6-3-7），总结拆装电动车窗的学习收获，搜集 2 个电动车窗的故障现象，自己找 3 位同学组成一个小组，自命为组长，运用讨论的方式，用故障树分析可能原因，并写成 500 字各一篇案例。

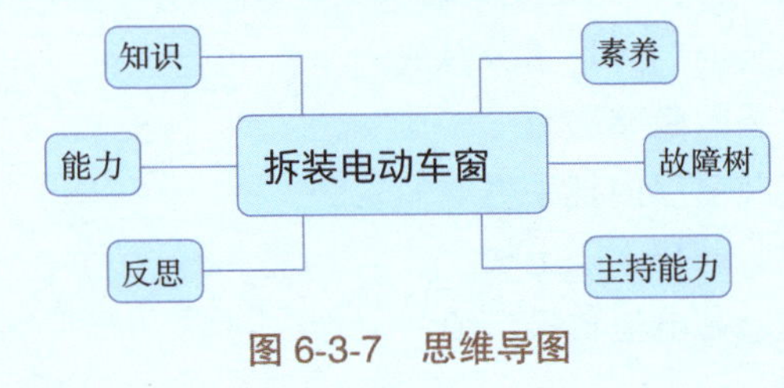

图 6-3-7　思维导图

匠心筑梦，技能报国。

任务四　拆装电动座椅

职业行动

步骤一：作业准备

1. 作业场地

选择带有消防设施的作业场地。

2. 设备设施

2007 款卡罗拉 1.6 L/AT 轿车、零件车、垃圾桶。

3. 工量辅具（见表 6-4-1）

表 6-4-1　拆装电动座椅工量辅具

套筒扳手组合套具	翼子板三件套
扭力扳手	

4. 耗材

清洁布、劳保手套。

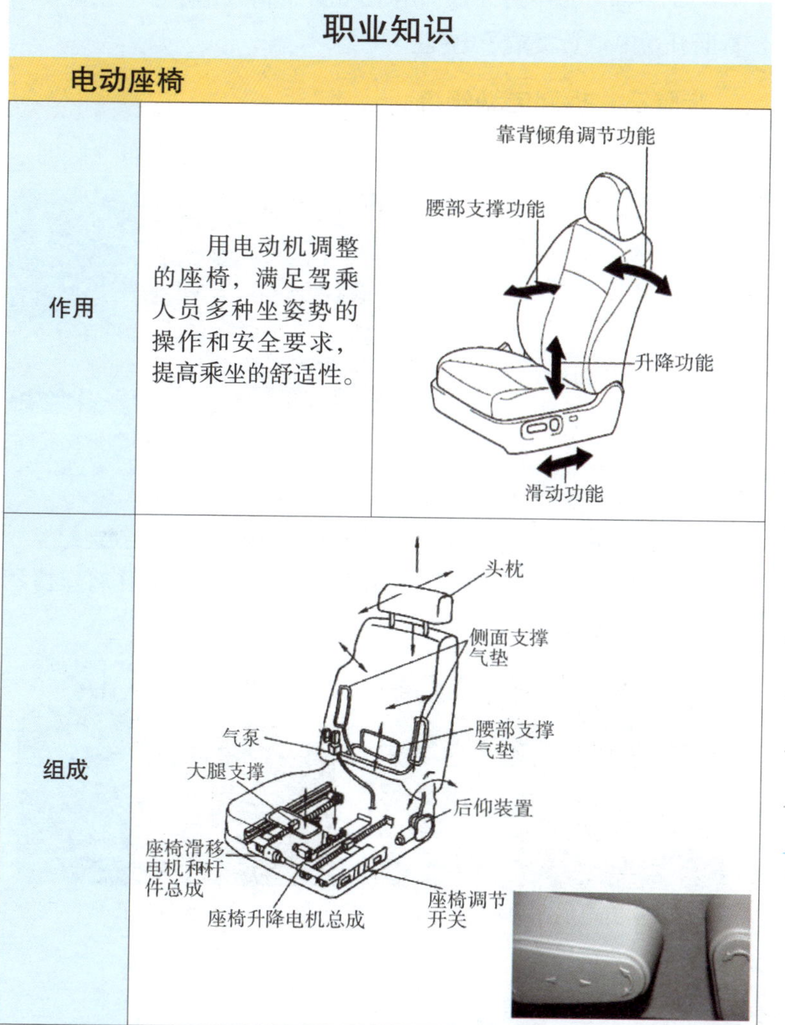

职业知识

电动座椅

作用	用电动机调整的座椅，满足驾乘人员多种坐姿势的操作和安全要求，提高乘坐的舒适性。	
组成		

视频

6-7 电动座椅结构及工作过程

学习笔记

步骤二：断开蓄电池负极电缆

（1）关闭点火开关。

（2）根据维修手册规定选用 10 mm 套筒棘轮扳手。正确使用工具断开蓄电池负极端子电缆。

步骤三：拆卸电动座椅

（1）将电动座椅移动至最后部。空出电动座椅前部 2 颗固定螺栓，见图 6-4-1。

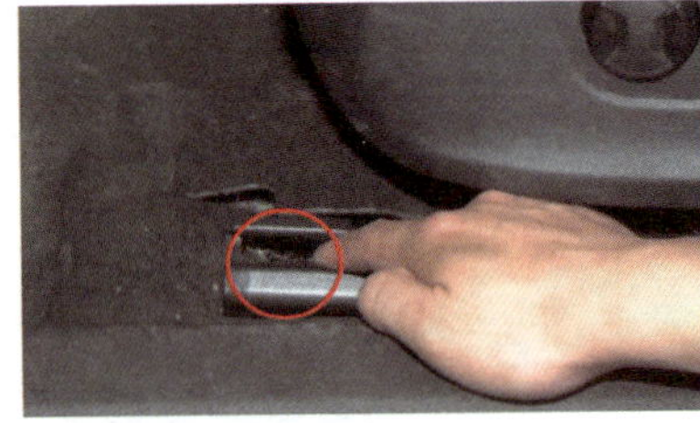

图 6-4-1　空出电动座椅前部固定螺栓

（2）使用棘轮扳手、T50 套筒。拆卸电动座椅前部 2 颗固定螺栓。

（3）将电动座椅移动至最前端，并将电动座椅靠背调至直立状态。空出电动座椅后部 2 颗固定螺栓，见图 6-4-2。

（4）使用棘轮扳手、T50 套筒，拆卸电动座椅后部 2 颗固定螺栓。

（5）将座椅靠背下放至合适位置。通过两个人合作将座椅翻转 90°，见图 6-4-3。

图 6-4-2　空出电动座椅后部固定螺栓

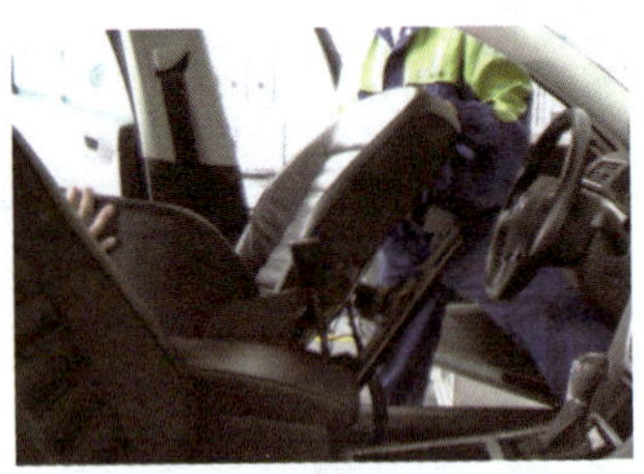

图 6-4-3　座椅翻转 90°

电动座椅结构

座椅调节开关	• 滑动与垂直调节开关。 • 靠背与头枕调节开关。 • 腰部支撑调节开关
位置传感器	• 座椅各位置传感器。 • 安全带扣环传感器。 • 转向盘倾斜传感器
电子控制器	• 控制电动座椅的电源通断、存储执行和复位动作
电动机	• 控制开关来改变流经电动机内部的电流方向，从而实现转动方向的改变。 • 为防止电动机过载，大多数永磁式电动机内装有断路器
传动装置	• 把直流电动机产生的旋转运动，变为座椅的位置调整

视频

6-8 拆装电动座椅

天行健，君子以自强不息。

（6）断开电动座椅电动机线束连接器，并断开安全气囊线束连接器，见图 6-4-4。

图 6-4-4　断开安全气囊线束连接器

注意事项：断开安全气囊线束连接器时，务必保证蓄电池负极处于断开状态。

（7）断开座椅位置传感器线束连接器。

（8）拆下电动座椅线束固定卡扣，见图 6-4-5。

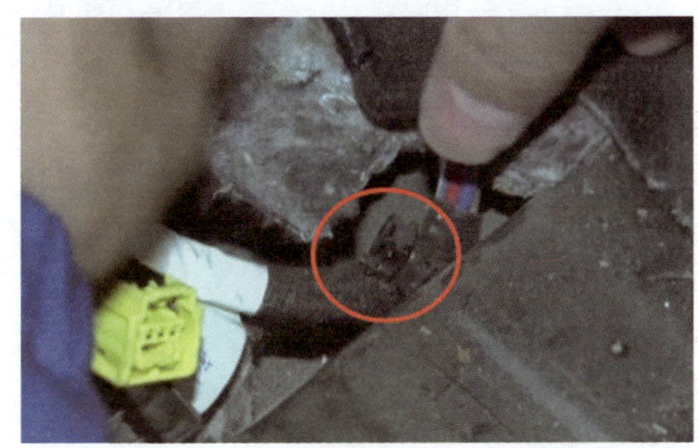

图 6-4-5　拆下电动座椅线束固定卡扣

（9）两人合作将电动座椅从车内取出。

电动座椅传动机构

前后调整机构	• 电动机转矩经蜗杆传至两侧的蜗轮上，经导轨上的齿条，带动座椅前后移动。	蜗轮 齿条 导轨 蜗杆 位置传感器 调整电动机 支承导向器
高度调整机构	• 蜗杆轴在电动机的驱动下，带动蜗轮转动，从而保证心轴旋进或旋出，实现座椅的上升与下降。	铣平面 垫圈 心轴 蜗轮 蜗杆轴

学习笔记

学习笔记

步骤四：安装电动座椅

（1）将电动座椅放置车内。

（2）连接电动座椅传感器线束连接器，电动座椅安全气囊线束连接器。电动座椅电动机线束连接器。

（3）安装电动座椅线束卡扣。

（4）找到电动座椅滑轨上的定位销，用定位销与车身定位孔相配合固定座椅，见图 6-4-6。

（5）用手轻轻将后部 2 颗固定螺栓旋入固定螺栓孔。

（6）使用棘轮扳手 T50 套筒，紧固电动座椅后部 2 颗固定螺栓，并用扭力扳手以 40 N·m 的力矩紧固固定螺栓。

图 6-4-6　电动座椅定位销

（7）将电动座椅移动至最后部。使用棘轮扳手、T50 套筒，紧固电动座椅前部 2 颗固定螺栓。并用扭力扳手以 40 N·m 的力矩紧固固定螺栓。

（8）调整座椅至正常位置。

步骤五：设备恢复

（1）连接蓄电池负极。

（2）安装蓄电池保护盖。

（3）取下翼子板垫。

（4）关闭发动机舱盖。

电动座椅加热功能

• 当加热器开关断开时，加热系统不工作。 • 当加热器开关处于不同加热速度位置时，座椅及座椅靠背便会在不同的加热电流下并联加热升温。 • 当座椅温度升高到规定值时，使加热电阻丝断电，停止座椅加热	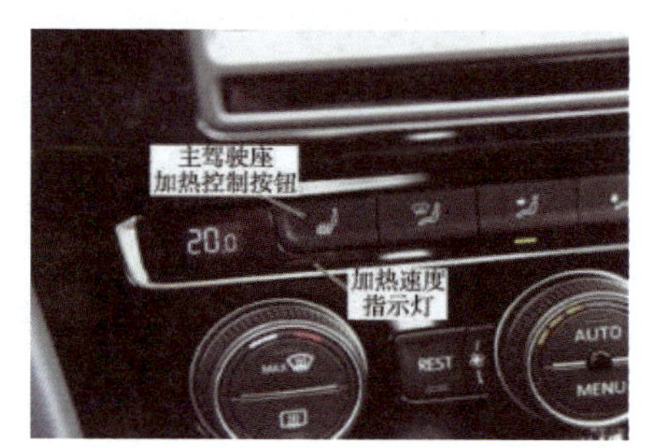

电动座椅其他功能

座椅记忆	• 座椅位置调好后，按下储存和复位开关，电动座椅就把各位置传感器的信号储存起来。 • 当下次使用时，只要一按位置储存和复位开关，电动座椅 ECU 便驱动座椅电动机，将座椅调整到原来位置
座椅通风	• 在座椅中内置一个或者多个风扇。 • 在座椅的表面打孔，气流就能通过通风层向上渗透，吹向座椅表面
座椅震动	• 震动电动座椅的一侧或两侧，以提醒驾驶人注意

天行健，君子以自强不息。

任务测评

一、知识测评

确定本任务关键词，按重要程度进行关键词排序并举例解读。

根据自己对重要信息捕捉、排序、表达、创新和划分权重能力进行自评，见表 6-4-2，满分 100 分。

表 6-4-2　拆装电动座椅知识测评表

序号	关键词	举例解读	评分自定
1			
2			
3			
4			
5			
6			
7			
总分			

二、能力测评

对表 6-4-3 所列作业内容，操作规范即得分，操作错误或未操作即零分。

表 6-4-3　拆装电动座椅能力测评表

序号	能力点	配分	得分
1	前期准备	10	
2	断开蓄电池负极电缆	20	
3	拆卸电动座椅	30	
4	安装电动座椅	20	
5	设备恢复	20	
总分		100	

三、素养测评

对表 6-4-4 所列素养点，做到即得分，未做到即零分。

表 6-4-4　拆装电动素养测评表

序号	素养点	配分	得分
1	设备和工具安全检查	20	
2	车辆安全防护	20	
3	工具清洁、校准、存放	20	
4	工量辅具、零部件、油水液体“三不落地”	20	
5	工位“5S”	20	
总分		100	

四、拓展训练

（1）请列举出在拆装电动座椅过程中易出现的问题，分析产生问题的原因并制定解决问题的措施。

（2）由于车辆更新换代较快，请查看实训室现有车辆，试根据维修手册制定拆装电动座椅流程并进行检测。

（3）请按照下列思维导图格式（见图 6-4-7），总结拆装电动座椅的学习收获，搜集 2 个电动座椅的故障现象，用鱼骨图分析可能原因，并写成 500 字各一篇案例。

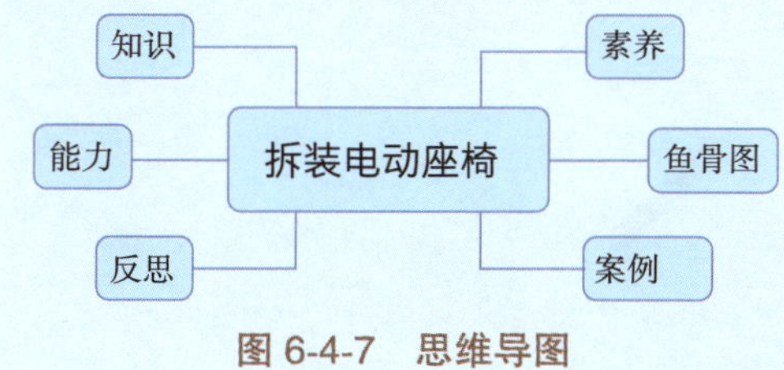

图 6-4-7　思维导图

学习笔记

任务五　拆装安全气囊

职业行动

步骤一：作业准备

1. 作业场地

选择带有消防设施的作业场地。

2. 设备设施

2007 款卡罗拉 1.6 L/AT 轿车、零件车、垃圾桶。

3. 工量辅具（见表 6–5–1）

表 6-5-1　拆装安全气囊工量辅具

套筒扳手组合套具	翼子板三件套
扭力扳手	

4. 耗材

清洁布、劳保手套。

职业知识

安全气囊的作用

作用	• 减少汽车发生碰撞时由于巨大惯性力造成的对驾驶人和乘客的伤害而装设的一种被动安全系统。 • 可保护车内乘员不致碰撞到车厢内部，起到缓冲垫的作用。 • 只有在发生交通碰撞事故到一定程度时才起作用

步骤二：拆卸安全气囊

（1）按规范铺设车内三件套保护车辆内饰。

（2）打开点火开关。

（3）调节方向盘高度，使其位于最低位置；调节方向盘深度，将方向盘拉出至极限位置，见图6-5-1。

图 6-5-1　调节方向盘

（4）使用 T20 套筒手柄拧松，并取下方向盘下部装饰盖固定螺栓，见图 6-5-2。

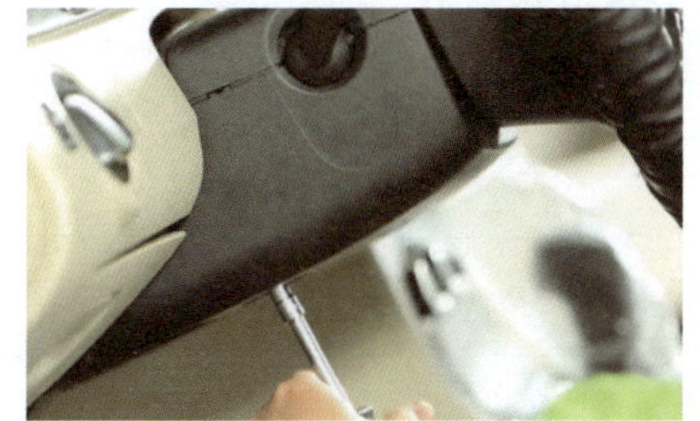

图 6-5-2　取下方向盘下部装饰盖固定螺栓

（5）使用一次螺丝刀翘起方向盘左右两侧固定卡扣，见图 6-5-3。

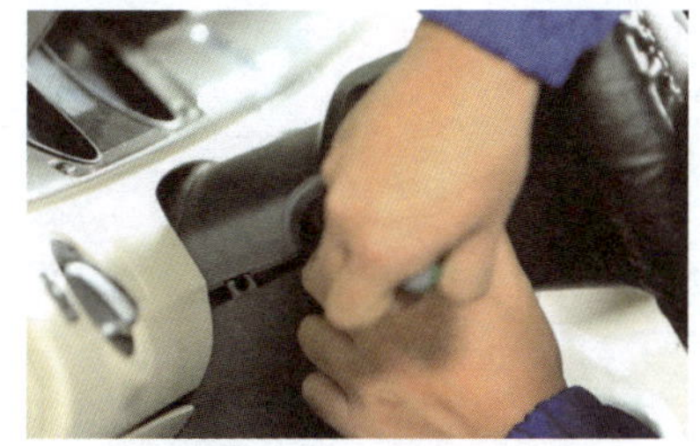

图 6-5-3　翘起方向盘左右两侧固定卡扣

（6）取下方向盘下部装饰盖。

安全气囊的组成

组成	说明
碰撞信号传感器	• 感测汽车碰撞所受到的冲击信号
防护碰撞传感器	• 防止非碰撞引起安全气囊误动作
安全气囊 ECU	• 根据各个传感器的信号来控制气囊的触发，并且对系统故障进行自我诊断
电子控制装置	• 设有紧急辅助电源，能够在切断汽车电源的一定时间内维持安全气囊系统的供电，保持其正常功能
SRS 警告灯（SRS ECU）	• SRS 警告灯受控于安全气囊控制单元，通过是否点亮指示系统的工作状态
安全气囊总成	• 点火器、气体发生剂、过滤器和气囊充气设备等组成

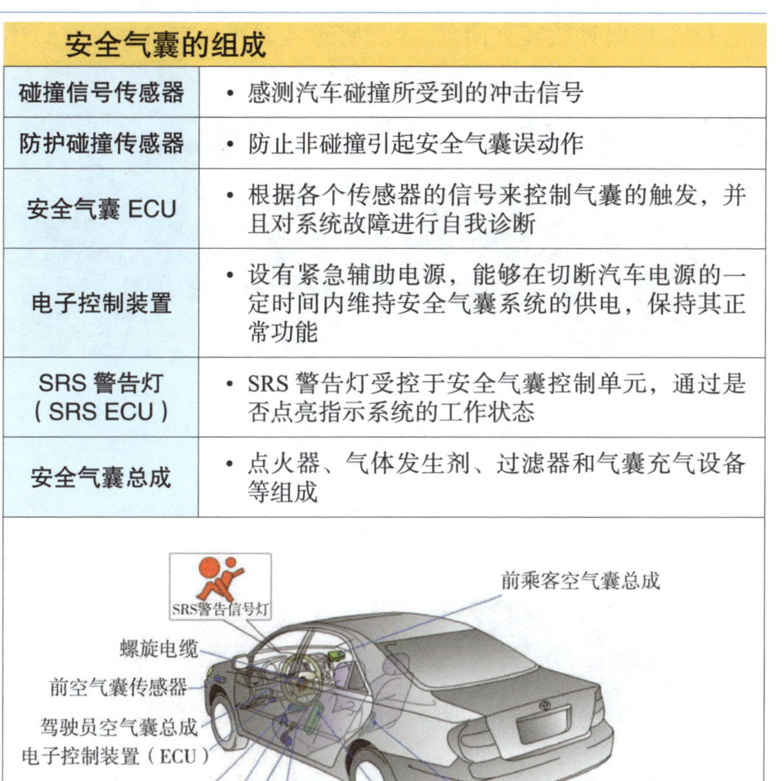

安全气囊数量分类

分类	位置
单气囊系统	驾驶人前部，方向盘内
双气囊系统	驾驶人前部，方向盘内；乘客正前方仪表板内
多气囊系统	前排、后排、侧面、顶部、膝部等

学习笔记

视频

6-9 拆装安全气囊

学习笔记

（7）逆时针旋转方向盘 90°，将螺丝刀插入方向盘背面的孔中，撬开安全气囊 2 颗固定卡扣，见图 6-5-4。

图 6-5-4　撬开安全气囊 2 颗固定卡扣

（8）将方向盘旋转回中间位置。

（9）关闭点火开关，断开蓄电池负极。

（10）将安全气囊单元从方向盘上松开并拔下安全气囊线束连接器，见图 6-5-5。

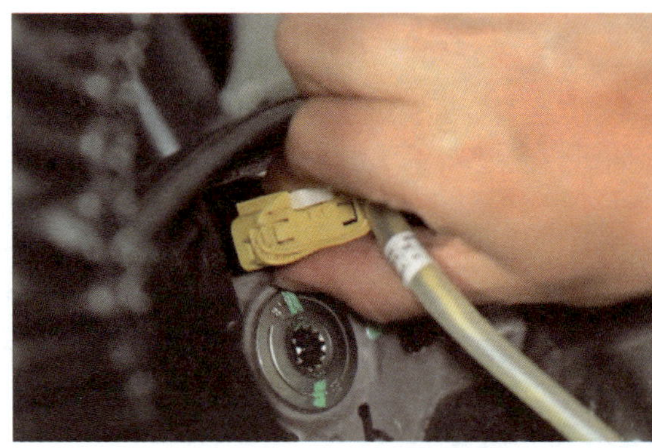

图 6-5-5　拔下安全气囊线束连接器

（11）取下安全气囊。

视频

6-10 安全气囊工作原理

安全气囊基本工作原理

- 汽车受到前方一定角度范围内的高速碰撞时。
- 碰撞信号传感器和与防护碰撞传感器检测信号，传输给安全气囊 ECU。
- 安全气囊 ECU 对信号计算判定，确定是否点火。
- 安全气囊 ECU 发出点火指令，引爆点火器。
- 点火剂受热释放大量氮气充入气囊。
- 气囊冲破装饰盖板，缓冲人体的碰撞

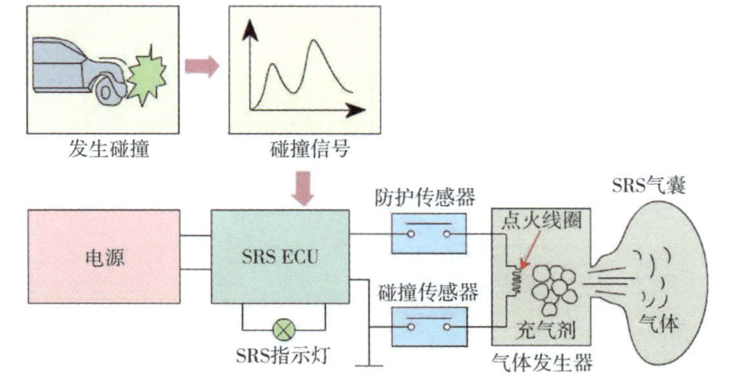

驾驶人侧罐状气体发生器结构

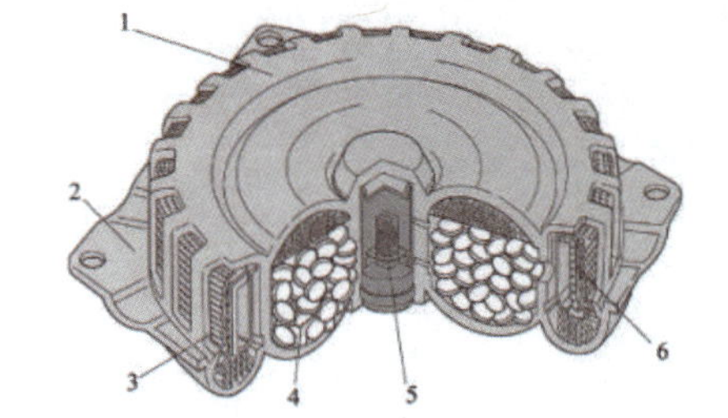

1- 上盖；
2- 充气孔；
3- 下盖；
4- 气体发生剂；
5- 点火器药筒；
6- 过滤器

一技在手行天下。

注意事项：

（1）静电可能导致安全气囊被意外触发，因此在断开安全气囊连接器前，装配人员必须除去自身静电。例如，可以短暂触摸车身金属部分。

（2）安全气囊装饰盖不可表面朝下放置。

（3）不要在安全气囊装饰盖顶部放置任何物体。

步骤三：安装安全气囊

（1）将安全气囊线束连接器连接牢靠。必须听到连接卡入的声音。

（2）将安全气囊总分成压入方向盘内。

（3）安装方向盘下部装饰盖板，使用 T20 套筒、手柄，拧入并紧固方向盘下部装饰盖固定螺栓。

（4）检查安全气囊单元，是否在左右两侧卡入方向盘内。

（5）连接蓄电池负极，拆除车内三件套，完成操作。

安全气囊动作过程（以 50 km/h 车速为例）

动作时间	安全气囊系统动作
碰撞约 10 ms 后	• 安全气囊系统达到引爆极限。 • 点火器引爆气体发生剂并产生大量热量，使气体发生剂受热分解。 • 驾驶人此时尚未动作
碰撞约 20 ms 后	• 驾驶人开始移动，但还没有到达气囊。
碰撞约 40 ms 后	• 气囊完全充满涨起，体积达到最大。 • 安全带被拉长。 • 人的部分冲击能量已被吸收
碰撞约 60 ms 后	• 驾驶人的头部已经开始沉向气囊
碰撞约 80 ms 后	• 驾驶人的头部及身体上部都沉向气囊。 • 气囊背后的排气孔打开。 • 在气囊内部的气体压力和人体压力作用下排气。利用排气孔的节流作用吸收能量
碰撞约 100 ms 后	• 车速已接近为 0，这时对车内乘客来说，危险期已接近结束
碰撞约 110 ms 后	• 驾驶人已经前移到最大距离。 • 身体开始后移回到座椅靠背上。 • 大部分气体已经从气囊中逸出，汽车前方视野恢复
碰撞约 120 ms 后	• 碰撞危害全部解除，车速降至 0

（a）尚未引爆　（b）气囊充满　（c）能量吸收　（d）气体溢出

学习笔记

学习笔记

任务测评

一、知识测评

确定本任务关键词，按重要程度进行关键词排序并举例解读。

根据自己对重要信息捕捉、排序、表达、创新和划分权重能力进行自评，见表 6-5-2，满分 100 分。

表 6-5-2　拆装安全气囊知识测评表

序号	关键词	举例解读	评分自定
1			
2			
3			
4			
5			
6			
总分			

二、能力测评

对表 6-5-3 所列作业内容，操作规范即得分，操作错误或未操作即零分。

表 6-5-3　拆装安全气囊能力测评表

序号	能力点	配分	得分
1	前期准备	10	
2	拆卸方向盘装饰盖	20	
3	拆卸安全气囊固定卡扣	20	
4	关闭点火开关	10	
5	拆卸安全气囊	20	
6	安装安全气囊	20	
总分		100	

三、素养测评

对表 6-5-4 所列素养点，做到即得分，未做到即零分。

表 6-5-4　拆装安全气囊素养测评表

序号	素养点	配分	得分
1	设备和工具安全检查	20	
2	车辆安全防护	20	
3	工具清洁、校准、存放	20	
4	工量辅具、零部件、油水液体“三不落地”	20	
5	工位“5S”	20	
总分		100	

四、拓展训练

（1）请列举出在拆装安全气囊过程中易出现的问题，分析产生问题的原因并制定解决问题的措施。

（2）由于车辆更新换代较快，请查看实训室现有车辆，试根据维修手册制定拆装安全气囊流程并进行检测。

（3）请按照下列思维导图格式（见图 6-5-6），总结拆装安全气囊的学习收获，搜集一个安全气囊事故案例，体会主动安全与被动安全对于车辆的重要性，列举 2 个自己忽视安全要求的事例。

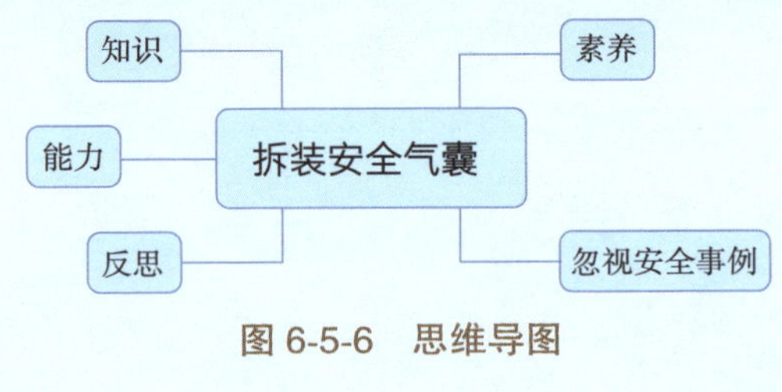

图 6-5-6　思维导图

一技在手行天下。

学习笔记

学习考评

一、考评项目

根据所学，请对 2007 款卡罗拉 1.6 L/AT 轿车电动辅助装置进行检修，完成考评报告。

二、实施准备

1. 学生准备

学生在按照教学进度计划，已经完成了以下学习任务并达到了 75 分以上，可进行该学习考评的实施。

（1）理解并完成学习考评需要的职业知识和方法的学习，得分大于 75 分。

（2）运用学习考评需要的职业知识和方法进行作业，得分大于 75 分。

（3）按时、按质、按量完成相应作业，得分大于 80 分。

（4）具有自觉遵守技术标准和要求规定、规范操作、安全、环保、“5S” 作业、团结协作的好习惯，得分大于 80 分。

（5）能制定 2007 款卡罗拉 1.6 L/AT 轿车电动辅助装置检修方案。

2. 教师准备

（1）在安排学生实施学习考评前，通过课堂问题研讨、作业、实训和考核及其他方式，确认学生已经具备了实施学习考评所需的知识、技能和素养，并确保学生在安全状态下独立进行。

（2）对协助教师进行测评的学生进行测评和监督方法的培训，确保测评结果的准确性和公平性。

（3）准备好测评记录。

三、验证方法与标准

（1）每位测评人员负责对两名学生进行定点、全过程的监控和测评。

（2）详细记录学生在实施学习考评过程中的相关信息、数据、结果、操作方法、完成时间，以及出现错误、事故等情况。

（3）学习考评的作业过程和数据记录等，要求在 90 min 内完成，时间不足，可在即将结束时，口述剩余部分的作业方法。

（4）考核内容及评分标准见下表。

考核内容及评分标准

序号	评分项	得分条件	评分标准	配分	得分
1	安全 / 5S/ 态度	□ 1. 能进行工位 5S 操作 □ 2. 能进行设备和工具安全检查 □ 3. 能进行车辆安全防护操作 □ 4. 能进行工具清洁校准存放操作 □ 5. 能进行三不落地操作	未完成 1 项扣 3 分，扣分不得超 15 分	15	
2	专业技能能力	□ 1. 能正确拆卸左前、右前刮水器臂和刮水片总成 □ 2. 能正确拆卸右前、左前围板上通风栅板 □ 3. 能正确拆卸刮水器电动机线束及线束连接器 □ 4. 能正确拆卸风窗玻璃刮水器电动机连杆总成 □ 5. 能正确安装刮水系统组件 □ 6. 能正确拆卸前门装饰板 □ 7. 能正确拆卸车外后视镜总成 □ 8. 能正确安装车外后视镜	未完成 1 项扣 5 分，扣分不得超 50 分	50	

学习笔记

续表

序号	评分项	得分条件	评分标准	配分	得分
2	专业技能能力	□ 9. 能正确拆卸前门玻璃 □ 10. 能正确拆卸前门窗升降器总成 □ 11. 能正确安装前门窗升降器 □ 12. 能正确拆卸电动座椅 □ 13. 能正确安装电动座椅 □ 14. 能正确拆卸方向盘装饰盖 □ 15. 能正确拆卸安全气囊固定卡扣 □ 16. 能正确拆卸安全气囊 □ 17. 能正确安装安全气囊	未完成1项扣5分，扣分不得超50分	50	
3	工具及设备的使用能力	□ 1. 能正确选用维修工具 □ 2. 能正确使用维修工具拆装 □ 3. 能正确使用测量工具 □ 4. 能正确使用专用工具 □ 5. 能熟练使用办公软件	未完成1项扣5分，扣分不得超10分	10	
4	资料、信息查询能力	□ 1. 能正确使用维修手册查询资料 □ 2. 能正确使用用户手册查询资料 □ 3. 能在规定时间内查询所需资料 □ 4. 能正确记录查询资料章节页码 □ 5. 能正确记录所需维修信息	未完成1项扣2分，扣分不得超10分	10	
5	数据判读和分析能力	□ 1. 能判断电动刮水器及相关部件是否需要维修或更换 □ 2. 能判断电动后视镜是否需要维修或更换 □ 3. 能判断电动车窗是否需要维修或更换 □ 4. 能判断电动座椅是否需要维修或更换	未完成1项扣5分，扣分不得超10分	10	

续表

序号	评分项	得分条件	评分标准	配分	得分
6	表单填写与报告的撰写能力	□ 1. 字迹清晰 □ 2. 语句通顺 □ 3. 无错别字 □ 4. 无涂改 □ 5. 无抄袭	未完成1项扣1分，扣分不得超5分	5	
合计				100	

四、考评报告

说明：考评分为理论考评和实操考评，理论考评根据项目要求以及考评模板格式制定项目实施方案，方案经教师审核合格后，方可进行实操考评。考评报告模板详见附录A。

学习笔记

拓展阅读——刮水器的进化史

从第一辆现代汽车诞生到20世纪初的一段时间内，汽车上还并没有出现刮水器这种装置，司机在雨天驾车时只好开着窗户，冒雨看路。

关于刮水器的起源，有一个故事，已成立百年刮水器鼻祖美国特瑞科公司的董事长在纽约州水牛城的雨夜里撞伤了一名骑自行车的少年，为了杜绝这类意外的发生，他发明了一种金属杆上带着槽状橡胶条的手动刮水器，但对于当时的手动挡汽车而言，一边开车一边摇动刮水器也很危险，于是他又制造出利用真空泵驱动的刮水器，但这种刮水器在堵车或停车的时候也会随着停下来。后来，他在1917年成功制造出由电动机驱动刮水器连杆的现代刮水器，开启了刮水器的进化史。

1921年，自动真空式刮水器马达。

1927年，侧刮式双刮片刮水器系统。

1929年，Dual刮水器，这一创新标志着刮水器提升可见度的新时代。

1936年，风窗玻璃清洗系统。

1956年，“P-R”刮水器，这是特瑞科开发的也是首次在汽车上应用的一种带弧度的刮片，由一对弹簧预紧拉杆以保持刮片的弧度，更贴合了风窗玻璃的弧度并能保证压力。这是特瑞科直至20世纪60年代末为止最畅销的刮水器。

1961年，使用液压马达的刮水器系统。

1970年，清洗系统使用改进后的蜗轮水泵。

1981年，电动刮水器系统。

1995年，Exact Fit刮水器，第一款能实现在几秒钟之内就能安装完成的刮水器。

从手动刮水器、到电动刮水器，从连续刮水器到间歇式刮水器，从被动刮水器到感应式自动刮水器，刮水器的进化史。

进入21世纪，刮水器还有什么进化呢？

思考

搜集刮水器最新技术进展，画一张刮水器技术进化图。

学习笔记

附录 A　学习考评考评报告

考评报告

<table>
<tr><td colspan="2">项目名称：</td><td colspan="2">考核时间：60 min（理论）+ 实操（90 min）</td></tr>
<tr><td>姓名：</td><td>班级：</td><td>学号：</td><td rowspan="3">教师签字：</td></tr>
<tr><td>自评：□合格
□不合格</td><td>互评：□合格
□不合格</td><td>师评：□合格
□不合格</td></tr>
<tr><td>日期：</td><td>日期：</td><td>日期：</td></tr>
</table>

检修方案

第一部分　车辆信息记录

品牌		整车型号		生产日期	
发动机型号		发动机排量		行驶里程	
车辆识别码					

第二部分　场地安全、设备设施和工量辅具准备

序号	名称	规格	数量
1			
2			
3			
4			

第三部分　检修项目一

序号	检测项目	检测数据	标准值或极限值	检查结果	维修措施
1					
2					
3					
4					

续表

第四部分　更换和调整资料查询记录

序号	作业项目	紧固和调整标准
1		
2		
3		
4		

第五部分　项目总结

注：表格不足可加行。

学习笔记

学习笔记

附录B　知识拓展

项目一　知识拓展

1. 蓄电池检测仪表使用方法

名称	作用	使用方法	注意事项
万用表	对电压、电阻和电流等电参数进行测量	（1）连接测试表笔。将黑表笔插入COM插孔，根据被测参数，红表笔插入相应插孔，功能旋钮置于相应的参数及挡位上。 （2）使用万用表测量之前应检测万用表是否正常。将功能旋钮置于蜂鸣挡，红黑表笔短接。听到蜂鸣响，万用表工作正常	（1）如果不知被测电压范围，将功能开关置于最大量程并逐渐下降。 （2）如果显示“1”，表示过量程，功能开关应置于更高量程
蓄电池检测仪	对蓄电池组进行核对性放电实验、容量测试	（1）将测试仪的两夹子夹到电瓶的正负两极上，这时指示灯亮，电压表指示电瓶电压。 （2）按下测试开关，时间不得超过5 s，电压表的指针先迅速向右偏转，然后缓慢向左偏移，根据偏移位置判断该电瓶的电量状况： ① 指针在绿区表示电量充足。 ② 指针在黄区且指针稳定表示电量不足，需充电。 ③ 指针向左回落快，表示电瓶已不存电。 ④ 指针回零，表示电瓶可能断路。 ⑤ 指针在红区表示电瓶电量很低，蓄电池可能有缺陷	（1）测试前应该仔细检查仪表指针是否指在标度盘0位上，如不在0位上可旋转表盖中部的调零器使指针在0位上。 （2）灯不亮或电压表指针不动，要检查测试仪夹子与电瓶极柱是否接触良好

2. 检查蓄电池电解液密度

（1）清洁密度计棱镜表面，见图 f1-1。

（2）在棱镜表面的中间位置滴一滴蒸馏水进行校零，见图 f1-2。

图 f1-1　清洁密度计棱镜表面

图 f1-2　在棱镜表面中间滴一滴蒸馏水进行校零

（3）先用纸后用清洁布清洁密度计棱镜表面与盖板。用玻璃管从蓄电池一个单格中蘸少许电解液，滴在棱镜表面的中间位置，合上盖板轻轻按压，见图 f1-3。

图 f1-3　在棱镜表面中间滴一滴电解液

学习笔记

（4）将密度计对向明亮处，旋转目镜使视场内刻度线清晰，读出明暗分界线在标示板上相应标尺上的数值，见图 f1-4。

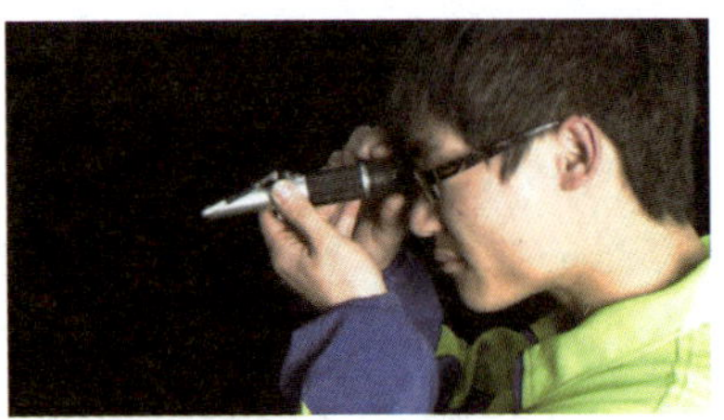

图 f1-4　读取数据

（5）读取数据并与表 f1-1 电解液密度测量标准数据进行对比，如果读数低于标准值，则电量不足，需要充电。

表 f1-1　电解液密度测量标准

检测内容	检测条件	标准数据
电解液密度	20 ℃	1.25 ～ 1.29 g/L

（6）按照上述同样方法，测量其他单格的电解液密度。

注意事项：测量电解液密度时，防止电解液沾在皮肤和眼睛上，以防烧伤。如果沾上，应立即用苏打水洗净。

（7）测试完毕，清洁棱镜表面与盖板（先用纸巾后用清洁布）。将仪器放回到包装盒内，放到工具车上。将通风孔塞装回到蓄电池上并旋紧，见图 f1-5。

图 f1-5　将密度计清洁后放回包装盒

3. 调整电解液密度

（1）根据所测电解液密度情况进行调整：

① 若所有单格电解液密度值均低于标准值，则需添加电解液原液。

② 若所有单格电解液密度值均高于标准值，则需添加蒸馏水稀释。

③ 若仅个别单格电解液密度不符合标准值，则视情况调节。

（2）调整所有单格电解液液面高度一致，使电解液液位在上下刻度线之间或高于极板 10 ～ 15 mm。

（3）调整完后，将加液孔盖安装到蓄电池上并旋紧。

学习笔记

项目二　知识拓展

1. 不同类型发电机的整流原理

定子绕组中所感应出的交流电，要靠硅二极管组成的整流器改变为直流电。硅二极管具有单向导电性。当给二极管加上正向电压（正电位高于负电位）时导通，即呈现低电阻状态；当给二极管加一反向电压（正极电位低于负极电位）时截止，即呈现高电阻状态。利用硅二极管的这种单向导电的特性就可把交流电变为直流电。

（1）六管交流发电机整流电路

在三相桥式整流电路中，三只正极管和三只负极管都是轮流工作，所以流过每只二极管的平均电流仅为负载电流的 1/3。若转子不停地旋转，则感应电动势和负载中电流的方向和大小将随时间作周期性变化，于是就产生交变电动势和交变电流，就是正弦交流电，它是一般交流电的基本波形，如图 f2-1 所示。有些交流发电机带有中心抽头，它是从三相绕组的中性点引出来的，其接线柱标记为“N”。中性点对发电机外壳（搭铁）之间的电压称为中性点电压，其数值等于发电机输出电压的一半。中性点电压用途很广，常用来控制充电指示灯和各种用途的继电器，如控制空调继电器、磁场继电器等。

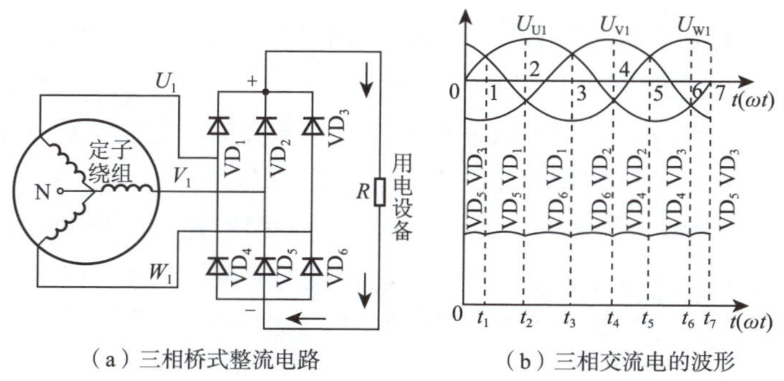

（a）三相桥式整流电路　　（b）三相交流电的波形

图 f2-1　三相桥式整流电路及电压波形

（2）八管交流发电机整流电路

试验表明，在不改变交流发电机结构的情况下，在定子绕组的中性点处加装中性点二极管后，如图 f2-2 所示，发电机输出功率与额定功率相比，可以提高 10% ～ 15%，并且转速越高输出功率增加越明显。

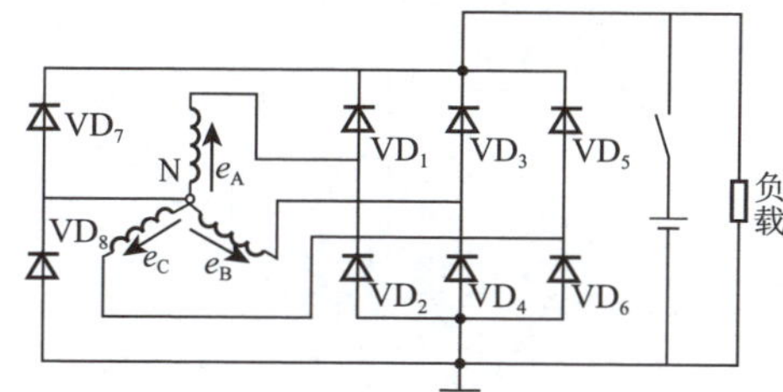

图 f2-2　八管交流发电机整流电路

（3）九管交流发电机整流电路

在有些交流发电机中，除了有普通交流发电机用来整流的六只二极管外，又多装了三个功率较小的二极管，组成九管交流发电机，如图 f2-3 所示，三个功率较小的二极管专门用来供给磁场电流，所以又叫磁场二极管。

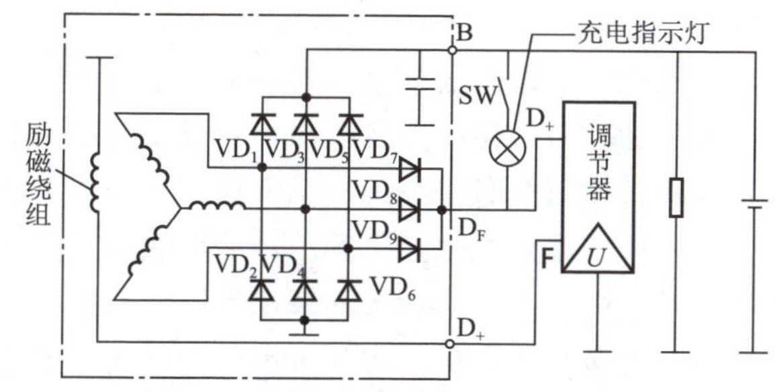

图 f2-3　九管交流发电机充电系统电路

发电转为自励发电。

学习笔记

（4）十一管交流发电机整流电路

上海桑塔纳、一汽奥迪等汽车采用十一管交流发电机，如图 f2-4 所示，不仅能增大输出功率，还可以用充电指示灯来指示发电机工作状况。

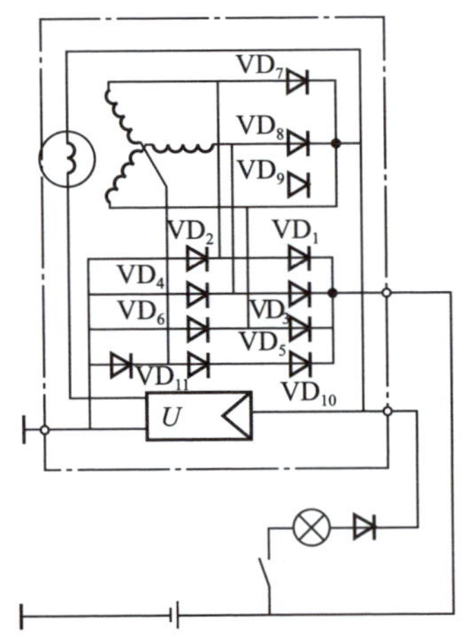

图 f2-4　十一管交流发电机整流和充电电路

2. 交流发电机的励磁方法

向交流发电机的磁场绕组供电使其产生磁场的过程，称为励磁。交流发电机磁场绕组的励磁方式有两种形式，一种是由蓄电池供电，称为他励。另一种是由发电机自身所发电能供电，称为自励。当发电机转速很低时，采用他励方式。由于转子磁极的剩磁很弱，在低转速下仅靠剩磁产生的电动势不能使二极管导通，发电机不能自励发电，此时必须由蓄电池供给发电机磁场绕组电流，使发电机具有较强的磁场，以使发电机的电动势迅速提高。当发电机的转速达到一定值后，发电机发电产生的电压达到或超过蓄电池电压，发电机开始向蓄电池充电，同时励磁电流由发电机自己提供，发电机由他励简单地说，交流发电机的励磁方法是：先他励、后自励。

3. 交流发电机的工作特性

（1）输出特性

交流发电机的输出特性也称负载特性或输出电流特性。输出特性是指在发电机保持输出电压一定时，发电机的输出电流与转速之间的关系。一般对标称电压为 12 V 的硅整流发电机，其输出电压恒定在 14 V，对标称电压为 24 V 的发电机，其输出电压恒定在 28 V。通过试验可以测得一条输出特性曲线，如图 f2-5 所示。

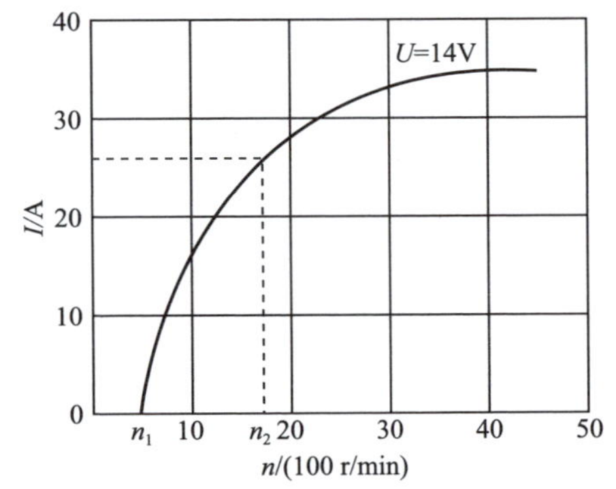

图 f2-5　交流发电机的输出特性

由输出特性可以看出，发电机在不同转速下的输出功率情况：

① 发电机只需在较低的空载转速 n_1 时，就能达到额定输出电压值。表明交流发电机具有低速充电性能好的优点。空载转速值 n_1 是选择发电机与发动机传动比的主要依据。

② 发电机转速升至满载转速 n_2 时，即可输出额定功率的电能。表明交流发电机具有发电性能优良的特点。满载转速值 n_2 是判断在用发电机技术性能优劣的重要指标之一。

③ 当转速升到某一定值以后，发电机输出电流就不再随转速的升高和负荷的增多而继续增大。表明交流发电机具有自身控制

最大输出电流的功能，不需要设置电流限制器。

对于空载转速值 n_1 和满载转速值 n_2，发电机出厂技术说明书中均有规定。使用中，只要测得这两个数据，与设计值相比较，即可判断发电机性能是否良好。

（2）空载特性

交流发电机的空载特性是指在无负荷时，发电机端电压与转速之间的变化规律。根据试验结果，可以绘出一条空载特性曲线，如图 f2-6 所示。

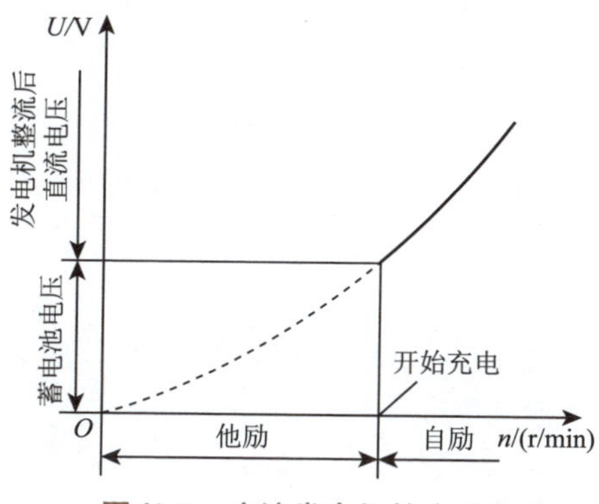

图 f2-6 交流发电机的空载特性

从空载特性曲线可以看出，随着转速的升高，端电压上升较快，由他励转入自励发电时，即能向蓄电池进行补充充电。这进一步证实了交流发电机低速充电性能好的优点。空载特性是判定交流发电机充电性能是否良好的重要依据。

（3）外特性

交流发电机的外特性是指转速保持一定时，发电机的端电压与输出电流之间的关系。在经不同恒定转速的试验后，可以绘出一组相似的外特性曲线，如图 f2-7 所示。

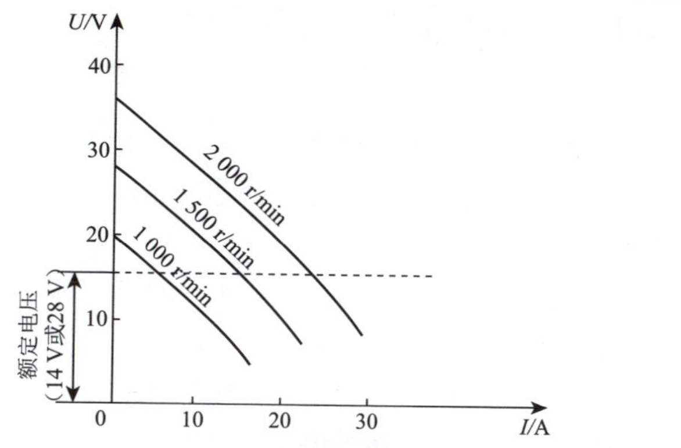

图 f2-7 交流发电机的外特性

从外特性曲线可以看出，交流发电机的转速越高，端电压也越高，输出电流也越大。转速对端电压的影响较大。但当保持在某一转速时，端电压均随输出电流的增大而相应下降，端电压受转速和负荷变化的影响较大。因此，必须配用电压调节器才能保持恒定的电压值。

当发电机处于正常工作状态、高速运转时，如果突然失去负荷，则其端电压会沿着外特性曲线急剧升高，这时发电机中的硅二极管以及调节器中的电子元件将有被击穿的危险。因此，应该尽力避免外电路短路现象的发生。

学习笔记

项目三　知识拓展

1. 直流电动机工作特性

直流电动机按励磁方式可分为永磁式和电磁式两大类，电磁式按励磁绕组与电枢绕组的连接关系又可分并励式、串励式和复励式三种。

（1）永磁式直流电动机磁极磁通工作时保持不变。并励式直流电动机励磁绕组与电枢绕组联在同一电源上，若外电压不变、励磁电阻不变，则每极磁通也基本不变。故永磁式、并励式电动机转速与转矩之间的关系基本相同。转速将随转矩的增加而近似地按线性规律下降,但下降很小,即它们具有较“硬”的机械特性，适应性能较差。永磁、并励式直流电动机常用于减速型起动机。

（2）串励式直流电动机的励磁绕组与电枢绕组相串联，电枢电流等于励磁绕组电流，并与总电流相等。串励式直流电动机具有起动转矩大，轻载转速高，重载转速低，短时间内能输出最大功率等特点，具有较“软”的机械特性，因此特别适合应用于直接驱动式起动机。

（3）复励式电动机的磁极上有两组励磁绕组，一组同电枢串联，另一组则同电枢并联。复励式电动机在空载运行的情况下与并励电动机相似，加了负载后，串励绕组的磁场将随负载的增加而加强，运行情况接近串励电动机。因此它的机械特性比并励式软,较串励式硬。复励式直流电动机被一些大功率起动机所采用。

2. 起动机的使用注意事项

起动发动机时，蓄电池要给起动机提供很大的电流，汽油机需 200 ~ 600 A，柴油机需 1 000 A 以上，起动机又是按短时间内输出大功率而设计制造的，为确保它能迅速、可靠、安全地起动发动机，并尽量延长使用寿命，在使用中必须注意以下事项。

（1）经常保持蓄电池处于充足电的状态，保持蓄电池、起动机、起动开关等连接牢固，接触良好。

（2）发动机起动时，每次接通起动机的时间不得超过 5 s，连续再次起动时应停歇 10 ~ 15 s，连续 3 次以上起动应在检查起动系统（如蓄电池的容量、极柱的连接、油电路等，否则蓄电池的容量将严重下降，起动发动机变得更加困难）。是否有故障的情况下，停歇 5 min 以上再起动。

（3）起动时，应挂入空挡或踩下离合器，自动变速器的汽车应将变速杆置于 P 位或 N 位，起动同时踩下离合器踏板，严禁挂挡起动。

（4）发动机起动后，应立即松开点火开关，使驱动齿轮及时退出,以减少单向离合器的磨损。严禁在发动机旋转时使用起动机。

（5）冬季和低温地区在进行冷机起动时，应先将发动机进行预热后，再用起动机起动。

（6）发动机起动后，如果起动机不能停转，应立即关闭电源总开关或拆开蓄电池搭铁线。

3. 起动机的维修注意事项

（1）在车上进行起动检测之前，一定要将变速器挂上空挡，并实施驻车制动。

（2）在拆卸起动机之前，应先拆下蓄电池的搭铁电缆线。

（3）有些起动机在起动机与法兰盘之间使用了多块薄垫片，在装配时应按原样装回。

① 起动时踩下离合器踏板，将变速器挂入空挡或停车挡。

② 每次接通起动机的时间不得超过 5 s，两次之间应间歇 15 s 以上。

③ 发动机起动后应马上松开起动开关。

发现起动系统工作异常时,应及时诊断并排除故障后再起动。

项目四 知识拓展

1. 发动机对点火系的要求

点火系统应在发动机各种不同工况和使用条件下，均能保证可靠而准确地点燃混合气。为此，点火装置必须满足以下三个要求。

（1）能产生足以击穿火花塞电极间隙的高电压

实践证明，汽车发动机在满负荷低速时需 8 ～ 10 kV 的高电压，起动时则常需 9 ～ 17 kV 的高电压，正常点火一般均在 15 kV 以上。为了保证点火可靠，考虑各种不利因素的影响，点火高电压必须有一定的储备量，所以传统点火装置产生的电压均在 15 ～ 20 kV，电子点火系统可达 20 ～ 30 kV，而且高电压的升值要快。火花塞电极之间产生火花的电压通常称为击穿电压。

（2）电火花应具有足够的能量

电火花应有足够的点火能量，能在各种不同的使用条件下点燃混合气。发动机正常工作时，由于混合气压缩终了的温度已接近其自燃温度，因此所需的火花能量仅 1 ～ 5 mJ 即可。

在发动机起动、怠速以及节气门突然急剧打开时需较高的火花能量。为了保证可靠点火，一般应保证有 50 ～ 80 mJ 的点火能量，起动时应大于 100 mJ 的火花能量，而且电火花还应有一定的火花持续时间，通常不少于 500 μs。

（3）点火时间应与发动机的工作情况相适应

点火时刻对发动机工作性能的影响较大。首先，点火系统应按发动机的工作顺序进行点火。一般四缸发动机的点火次序为 1-3-4-2，六缸发动机为 1-5-3-6-2-4，一般应以制造厂家提供的技术数据为准。其次，必须在最有利的时间进行点火。

因为混合气在发动机的汽缸内从开始点火到完全燃烧需要一定的时间（千分之几秒），所以要使发动机产生最大的功率，就不能在压缩行程终了活塞行至止点才点火，而是需要适当提前一些。另外，发动机汽缸的多少，负荷的大小，转速的变化，燃油品质的不同，即使同一发动机由于工况和使用条件的不同等，都直接影响汽缸内混合气的点火时间，为了使发动机能发出最大的功率，点火装置必须适应上述情况的变化实现最佳点火。

2. 点火系的分类

目前应用在汽车上的点火装置较多，大致可分为以下几种。

（1）传统点火系统

传统点火系统也称蓄电池点火系统、触点式点火系统。这种点火系统具有最基本的结构，在该系统中，通过机械凸轮接通和断开触点，使点火线圈的初级电流间歇流动，从而在点火线圈次级产生点火高压，如图 f4-1 所示。

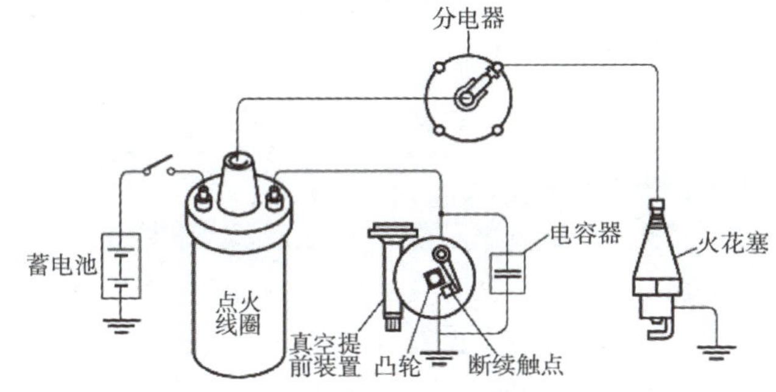

图 f4-1 传统点火系统结构图

传统点火系统的断电器触点因为使用中会发生氧化、烧蚀，需要定期保养，且触点的机械惯性大，响应速度慢，因而性能不佳，已经被新型点火系统取代。

分电器是由配电器、信号发生器和机械式点火提前角调节机构等组成。配电器的作用是将点火线圈产生的高压电，按照发动机的工作顺序送至各缸火花塞；信号发生器的作用是产生脉冲信号，送给点火控制器，由点火控制器控制初级电路的通断；机械

学习笔记

学习笔记

式点火提前角调节机构的作用是随发动机转速和负荷的变化而改变点火提前角。

（2）无触点电子点火系统

无触点电子点火系统结构，如图 f4-2 所示，用信号发生器取代凸轮触点机构，利用电子控制的方法使点火线圈的初级电流间歇流动，从而在点火线圈次级产生点火高压。

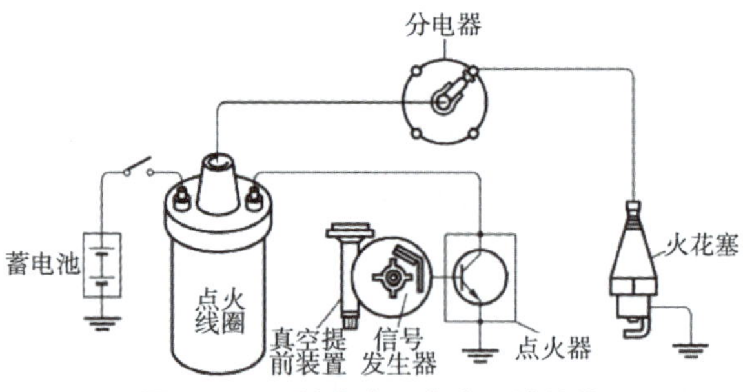

图 f4-2　无触点电子点火系统结构

（3）电控电子点火系统

电控电子点火系统结构，如图 f4-3 所示，电控点火提前装置取代了传统的点火提前机构（真空及离心提前机构），并开始利用发动机电子控制单元控制点火提前角。

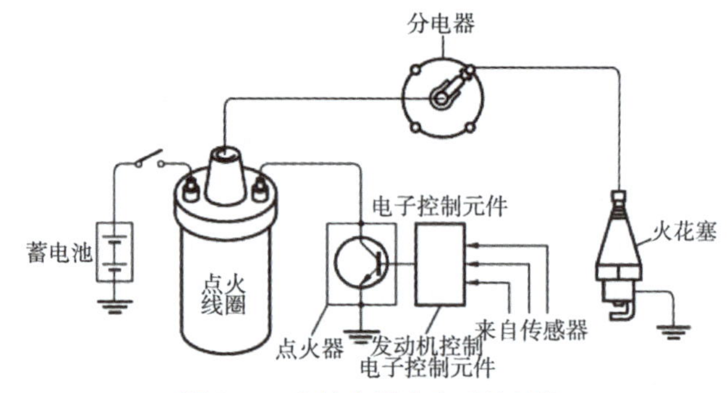

图 f4-3　电控电子点火系统结构

（4）无分电器点火系统

无分电器点火系统结构，如图 f4-4 所示，该系统使用多个点火线圈，直接向火花塞输送高电压，取消了机械式分电器结构，沿用了发动机电子控制单元控制点火提前角的方法。

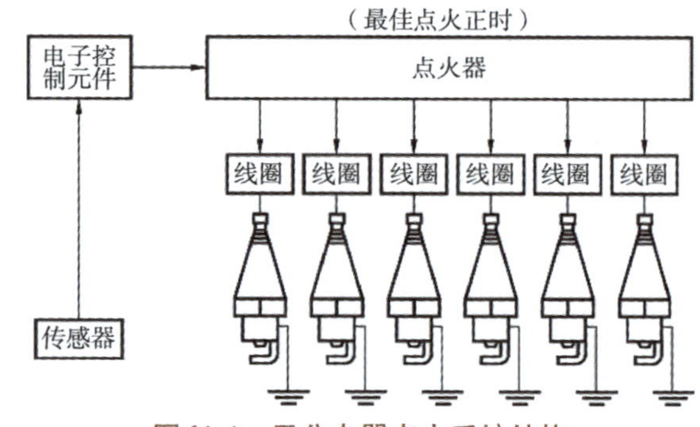

图 f4-4　无分电器点火系统结构

（5）无触点电子点火系统

无触点电子点火系统又称晶体管点火系统或半导体点火系统，如图 f4-5 所示。

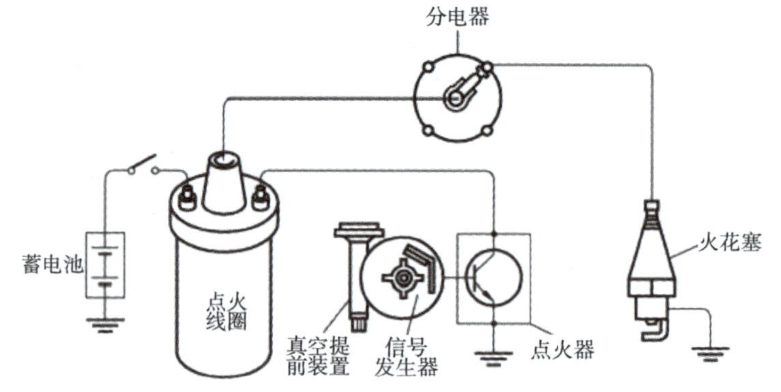

图 f4-5　无触点电子点火系统原理图

学习笔记

在无触点电子点火系统中，由装在分电器内的点火信号发生器取代了传统点火系统的断电凸轮和断电器触点。点火信号发生器能产生电压信号，接通点火控制器的大功率晶体管，以断开点火线圈的初级电流，完全可以实现传统断电器的功能。

3. 点火系的使用与维护注意事项

（1）当点火开关处于接通位置或发动机正在运转时，不得断开或连接任何线束或点火控制器的插接器。

（2）中央高压线必须可靠地插在点火线圈的插孔中，如果高压线在孔中插不到底或脱开，点火线圈次级绕组将产生过高的电压，容易造成点火线圈击穿，并且初级绕组中的自感电动势也会增大，对点火控制器的工作寿命将产生不利影响。

（3）当用起动机带动发动机转动而又不希望发动机起动时，应从分电器盖的中心插孔中拔出中央高压线，并将中央高压线端部与发动机机体接触（搭铁），以防中央高压线悬空、次级电压过高，产生不良后果。

（4）发动机运转时，不要用手接触点火控制器，否则可能造成触电。

（5）如需要拆接点火系统导线或元件，应首先关闭点火开关。

（6）使用中接线应正确无误，特别是蓄电池搭铁极性不能接错，导线及线束的插接器不应松脱，点火控制器要可靠搭铁。

（7）洗车时不得用水冲洗点火控制器和分电器。

4. 维护项目

（1）检查分电器盖是否有裂缝，盖内各电极是否有严重烧蚀情况。如发现上述任一情况，应及时更换。

（2）检查分火头端部是否严重烧蚀。如端部烧蚀，应及时更换。

（3）点火线圈和各高压线是否有积垢或油污。如有积垢或油污，应用酒精清洗。

（4）检查所有的高压线是否连接适当。

（5）电子点火控制器与传感线圈的插接器应保持清洁。

（6）定期往分电器轴与分电器轴套间加少许机油润滑。

（7）定期检查火花塞。

学习笔记

项目五　知识拓展

1. 汽车喇叭作用

汽车喇叭是汽车行驶中的声响警示装置。在汽车的行驶过程中，驾驶人根据需要和规定发出必需的音响信号，警告行人和引起其他车辆注意，以保证交通安全，同时还用于催行和传递信号。

2. 汽车喇叭结构

汽车喇叭主要由膜片、衔铁、线圈、触点以及共鸣片等组成，见图 f5-1。

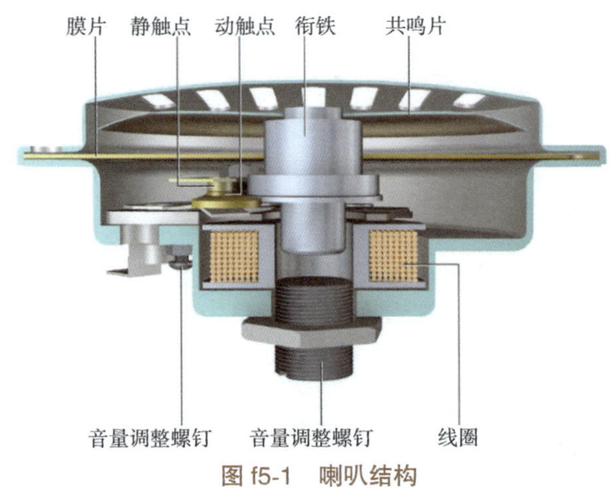

图 f5-1　喇叭结构

3. 电喇叭工作原理

当按下汽车转向盘上的喇叭按钮时，就形成了电流通路：蓄电池正极→线圈→活动触点→固定触点→按钮→搭铁→蓄电池负极。线圈通电产生吸力，上铁芯被吸与下铁芯撞击，产生较低的基本频率，并激励膜片及与膜片连成一体的共鸣板产生共鸣，从而发出比基本频率强得多而且分布比较集中的谐音。同时压下动触点臂，使触点分开以切断电路，电磁力消失。当铁芯磁力消失后，衔铁又回到原位，触点重新闭合，电路再次接通。这样线圈中将流过时通时断的电流，因此振动膜片时吸时放，产生高频振动而发出音响，见图 f5-2。

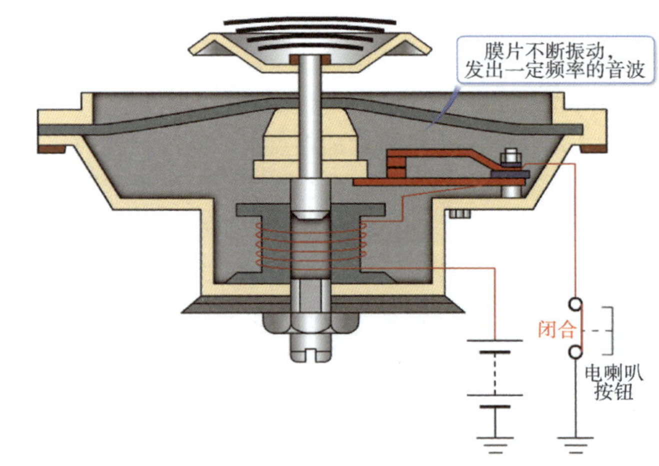

图 f5-2　电喇叭工作原理

4. 汽车喇叭分类

汽车喇叭分类见表 f5-1。

表 f5-1　汽车喇叭分类

按其发音动力	电喇叭	按接线方式	单线制喇叭
	气喇叭		双线制喇叭
按外形	螺旋形	按音质	单音喇叭
	筒形		双音喇叭
	盆形		三音喇叭
按声频	高音喇叭	按有无触点	触点式电喇叭
	低音喇叭		无触点式电喇叭

学习笔记

5. 喇叭常见故障

喇叭常见故障见表 f5-2。

表 f5-2 喇叭常见故障

故障现象	原因及处理
有时不响	多是喇叭内部的触点接触不好，有些也是喇叭本身的问题
声音沙哑 完全不响	多是由于插头接触不良，特别是转向盘周围的各个触点，由于使用频繁，容易使触点出现磨损
完全不响	首先检查熔丝是否熔断，然后拔下喇叭插头，用万用表测量在按喇叭开关时此处是否有电。 • 如果没电，应检查喇叭线束和喇叭继电器 • 如果有电，则是喇叭本身的问题，此时也可以试着调节喇叭上的调节螺母看是否能发声，如果还是不响，则需要更换喇叭

6. 拆装汽车喇叭

（1）拆卸前保险杠总成。

（2）拆卸喇叭。

① 按下低音喇叭线束连接锁扣，断开线束连接器，见图 f5-3。

② 选用 10 mm 套筒、棘轮扳手，拆卸低音喇叭的固定螺栓，并取下低音喇叭总成，见图 f5-4。

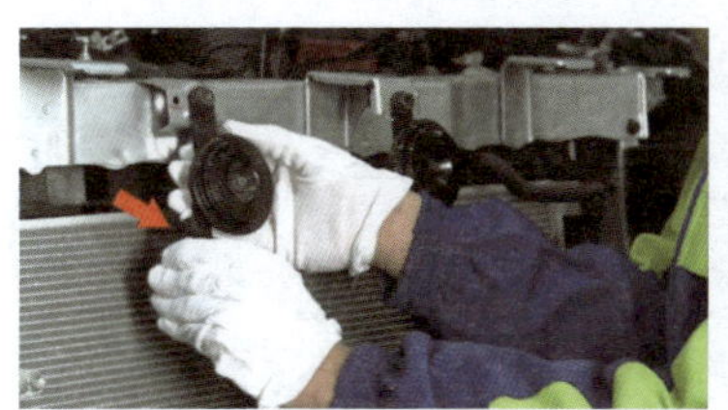

图 f5-3 断开喇叭线束连接器

图 f5-4 取下喇叭总成

③ 用同样的方法，拆卸高音喇叭。

（3）检查喇叭声响。

① 检查低、高音喇叭的外观是否完好、零件号是否正确，见图 f5-5。

② 检查低、高音喇叭声响。将一根连接线的一端与低音喇叭的连接端子相连，另一端与蓄电池正极相连；将喇叭的固定端与蓄电池负极短暂连接，检查喇叭是否发出声响，见图 f5-6。

图 f5-5 检查喇叭外观

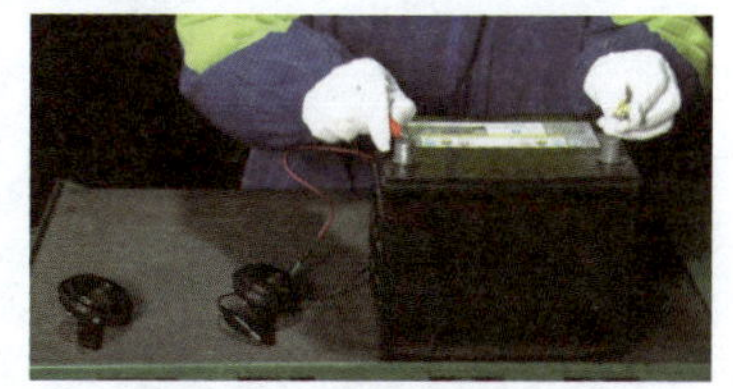

图 f5-6 检查喇叭声响

③ 用同样的方法检测高音喇叭的声响。

（4）安装喇叭。

① 将连接板上标有字母“H”的高音喇叭安装到原先安装位置，并旋上固定螺栓。

② 选用 10 mm 套筒、棘轮扳手，以 20 N · m 的扭矩紧固喇叭固定螺栓。

③连接高音喇叭线束连接器，确保连接锁止可靠。

④用同样的方法连接标有字母“L”的低音喇叭。

（5）再次检查喇叭声响，按下喇叭开关，检查喇叭是否鸣响。

（6）安装前保险杠总成。

项目六　知识拓展

1. 汽车音响系统

汽车音响系统的组成形式多种多样，迈腾汽车音响系统组成及安装部位如图 f6-1 所示。汽车音响系统主要包括天线、接收装置、扬声修正、可听频率增幅及扬声器系统 5 个部分。

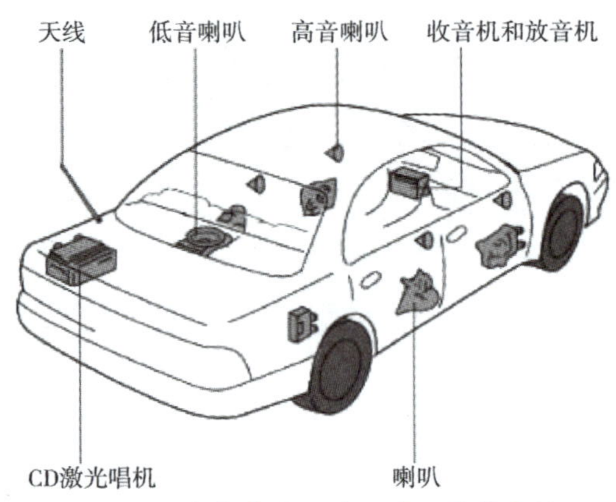

图 f6-1　汽车音响系统组成及安装部位

2. 天线

天线的作用是接收广播电台的发射电波，通过高频电缆向无线电调频装置传送。天线可分为在车身外体上伸出的金属柱式天线（又称拉杆天线）和装在车身上的玻璃天线两种，如图 f6-2 所示。

图 f6-2　天线的类型

（1）金属柱式天线的设置位置通常在前挡泥板、车顶等处，天线长约 1 m。有些汽车采用电动式天线，电动天线也叫自动天线，与手动天线的功能相同，只是电动天线是由计算机控制，可以通过按键自由伸缩，电动天线由开关、电动机、继电器、减速机构和天线等构成，其中电动机的通电是与音响的电源开关（ON/OFF）联动，打开音响电源，天线伸出；关闭音响电源，天线缩回收藏在车身内。

（2）玻璃天线。这种天线是将导电漆涂在后窗玻璃上，天线不需移上移下，也没有风的噪声，同时不要折叠也不会生锈，因此很耐用，如图 f6-3 所示。这种天线系统通过一根主天线和一根副天线的组合来防止衰减以保持良好的接收条件。当主天线的灵敏度变弱时，系统对主天线与副天线的灵敏度进行比较，使用灵敏度较好的一根。

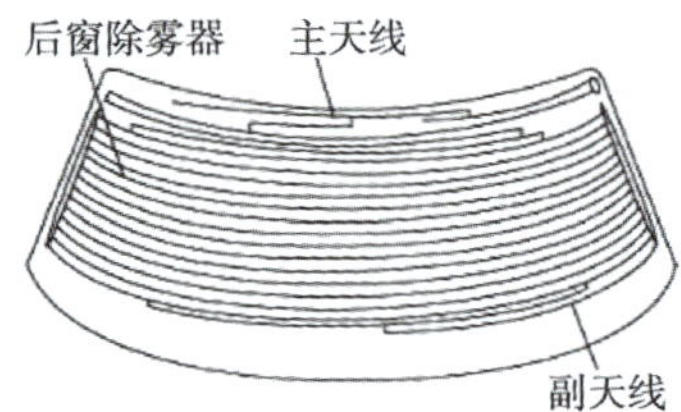

图 f6-3　后窗玻璃印刷型天线

3. 接收装置

接收装置是由无线电调谐装置将电台发射的高频电磁波有选择地接收，并解调为音频电信号。它主要包括收音机、磁带放音机和激光唱机，如图 f6-4 所示。磁带放音机现在已经很少用，现代汽车一般将收音机和激光唱机甚至放大器都集成在一起，成为音响主机。

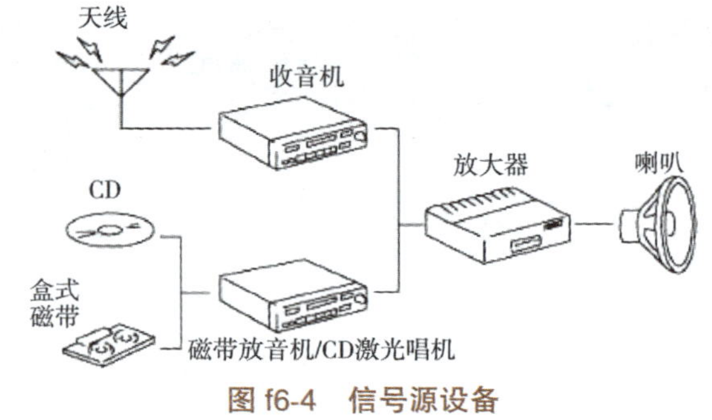

图 f6-4　信号源设备

学习笔记

（1）收音机。收音机是无线电接收装置，是专门接收广播节目的。在无线电广播中，有调幅（AM）和调频（FM）两种信号。收音机接收 AM 广播和接收 FM 广播是不同的。两种信号都接收的收音机有两只调谐器分别用于 AM 和 FM。收音机可分为两大类，一种是模拟式，另一种是数字式。模拟式是传统的收音机，一般用于手动调谐选台；数字式的收音机是较高级的无线电接收装置，由内部电路发出选台、存储、控制及显示信号，内部一次可存储 12 ～ 44 个电台，并可实现遥控。

（2）激光唱机。激光唱机是将音乐信号或者图像信号进行记录的介质，所记录的信号可利用激光的光拾音作用进行非接触式读出。

信号读出时，对信号记录部分的凹凸处不断照射聚焦的激光，利用光接收器检测反射光的强弱并转换成数字电信号。在数字信号处理电路中进行数 / 模（D/A）转换并放大，从而恢复原来的音乐信号。激光唱机通常由机械转盘系统、激光拾音器、伺服系统、信号处理系统及控制显示系统等部分组成。

机械转盘系统驱动转盘旋转并带动光盘旋转，与此同时，激光拾音器利用直径不到 0.78 μm 的激光束，以非接触方式读出记录在光盘上的脉冲编码调制（PCM）数字信号。

在数字信号处理系统中，读出的信号经放大、解调和纠错后，再送到D/A转换器转换成音频模拟信号送到音频处理、放大电路中。

（3）扬声修正。用于调节声音（音乐）信号的特性，以适应汽车音效环境。

（4）可听频率增幅。增强可听频率的模拟电压，加大喇叭音量，由放大器来实现。放大器将各种节目信号进行电压放大和功率放大，然后推动喇叭发出声音。放大器包括前置放大器、功率放大器及环绕声放大器。

（5）扬声器系统。扬声器系统主要包括主喇叭、环绕喇叭等，是汽车音响系统的终端，最终决定车厢内的音响性能。主喇叭中通常由低音喇叭、中音喇叭和高音喇叭以及分频网络组成。一般环绕声只重放 7 kHz 以下的反射声，故只需一个中低音喇叭即可。喇叭口径大小和在车上的安装方法、位置是决定音响性能的重要因素。为了欣赏立体声音响，车上一般最少安装两个喇叭。

学习笔记

参考文献

[1] 王升平 . 汽车电器设备构造与维修［M］. 北京：机械工业出版社，2020.

[2] 张明 . 汽车电气系统检修［M］. 北京：人民邮电出版社，2016.

[3] 戚金凤 . 汽车电器设备技术［M］. 北京：北京大学出版社，2018.